JN097467

大国の
興亡と戦
争

一国際政治の構図と
日本の針路を考える

水野 均

悠光堂

まえがき

　世界地図を開く。あるいは地球儀を回す。その7割ほどを海が、残る3割程度を陸が占める。そして、その上で人は、陸を往来し、海を渡り、国、漁場等といった「縄張り」を作り、交流する。しかし、その関わりが常に穏やかとは限らない。しばしば、土地、食、富等を求め、「戦争」と称して戦いが起こる。それを収め、安定や平和をもたらすために話し合い、取り決めや約束事ができる。こうした営みの繰り返しから、「国際政治」が始まったと言える。

　このような世界全体、地球全体にわたる人の歴史を振り返ってみると、太平洋、大西洋、インド洋といった広い海を支配する大きな国、いわば「海上大国」と、陸の中でもユーラシア大陸を支配する大きな国、いわば「陸上大国」が、戦争が繰り返す中で関わり続けながら、国際政治を動かしてきた――こうした構図を問い続けた研究は、これまで数多い。さらには、超大国以外の様々な国、分けても日本は、両大国が国際政治を主導する構図の中で、如何なる形で戦争に関わってきたのであろうか。

　そうした疑問に筆者なりの答えを見出すため、古代（紀元前2500年前後）から現代（2015年頃）までの期間に国際政治の場で繰り広げられてきた戦争の歴史を検証してみたい。第1章、第2章、第3章では、古代－20世紀末までの期間における、「海上大国」・「陸上大国」の戦争を通じた関係から、国際政治の構図について検討する。第4章と第5章では、そうした構図の中で、古代－20世紀末までの日本が戦争を通じてどのように関わってきたのかを検討する。そして第6章では、21世紀前後－現代にいたる時期の両大国及び日本との戦争を巡る関係を辿っ

た上で、両大国の主導する国際政治の構図を分析し、そこにおける日本の位置付けを考察したい。

　ユーラシア大陸の某所に端を発したと言われる新型のウイルスが三大洋を越えて広がり、地球全体を脅かしている昨今でも、世界中のいたる所で武力紛争は絶えず、その陰には、「海上大国」・「陸上大国」の利得を求めてうごめく姿がちらつく。その中で日本の進むべき道を考察する一助となれば幸いである。

2020 年 9 月
水野　均

CONTENTS

第1章
「海上大国」・
「陸上大国」への胎動
―古代・中世の戦争

1 「海上大国」への胎動と戦争

「海上大国」への胎動―古代ギリシャの都市国家と戦争

　紀元前8‐6世紀にかけて、アテネやスパルタ等ギリシャの都市国家は地中海の沿岸で植民地の形成に乗り出し、黒海及び北アフリカの沿岸、シチリア島、イタリア及びフランスの南部に勢力圏を拡大していった。一方、同時期の中近東で版図を広げていたアケメネス朝ペルシャ（現在のイラン、トルコ、エジプトを領土とした）も地中海に勢力圏を伸長させようとしたため、ギリシャとペルシャの両陣営は争いに突入した（ペルシャ戦争、前492‐472年までに大勢は決したが、正式な講和は前449年）。

　この時、アテネとスパルタは他の都市国家と、夫々デロス同盟とペロポネソス同盟を形成してペルシャ（国王はダレイオス1世とクセルクセス1世）に対抗した。このうち、デロス同盟は傘下の都市国家が軍艦・兵員又は資金を提供する義務を負い、その資金はアテネが管理していた。また、ペロポネソス同盟では、戦時に傘下の都市国家が兵力を提供して合同軍を結成し、その指揮をスパルタが執る仕組みとなっていた。

　さらにアテネは、ペリクレス（政治指導者）の提案で百隻とも2百隻

とも言われる大規模な艦隊を建造し、スパルタは市民から成る重装歩兵
（頑丈な鎧等で全身を武装した）を整備して戦いに臨んだ。他方のペル
シャは大軍を派遣したものの、海上での輸送に頼らざるを得ないという
不利な条件に置かれたため[1]、アテネの海軍とスパルタの陸軍とに敗れ
た。また、同時期の地中海西部でも、同じくギリシャの都市国家シラク
サがヒメラの海戦（前 480 年）でフェニキア人（元来はシリア付近を拠
点とした）の植民都市であるカルタゴ（現在の北アフリカ地中海沿岸の
チュニジア付近に位置し、ペルシャの支援を受けていた）を破り、ギリ
シャ側が地中海に支配権を確立した。

　その後、アテネは大規模な艦隊を常備してペルシャの反攻に備えると
同時に地中海一帯の貿易を独占し、デロス同盟に加盟する都市国家も
２百を数えるなど、「アテネ帝国」[2]を形成した。こうしたアテネによ
る支配に、デロス同盟を構成する他の都市国家は不満を抱き、ナクソス
のように離脱するものも現れたが、アテネは軍隊によってナクソスを包
囲して同盟への復帰を強要するなど専横を極め、やはり貿易に拠って立
つコリントスやアイギナにも脅威となっていった。

　その一方で、スパルタ及びペロポネソス同盟側は、農業を基盤として
いたために戦勝の恩恵が少なかった。このため、スパルタ側はアテネの
繁栄に不満を募らせ、アテネがスパルタと対立するアルゴスと同盟を結
んだことから、両同盟はペロポネソス戦争（前 431 - 404 年）に突入し
た。当初は、海軍力で勝るアテネがペロポネソス同盟側を抑えつけ、戦
局を優位に展開した。これに対してスパルタはペルシャから資金の援助
を受けて戦いを継続し、ペロポネソス同盟によってアテネを包囲した。
その後、アテネはシチリア島への遠征に失敗し、デロス同盟から離反す
る都市国家も相次いだ結果、スパルタに敗北してデロス同盟も解散に追
い込まれた。

　その後、スパルタはアテネに代わってエーゲ海一帯に支配権の確立を
目指した。しかし、これは、テーベやコリントス等、他の都市国家から

の反発を招いた。さらにスパルタがアテネを攻撃すると、アテネは新たな同盟を募ってスパルタに対抗し、コリントス戦争（前395 - 387年）が始まった。この時、ペルシャはアテネに財政支援を行って海軍を増強させた。ペルシャがペロポネソス戦争時にスパルタを支援したのは、アテネによる勢力圏拡大を抑えるために過ぎず、その目的を達成した以上、ペルシャがスパルタを支援し続ける必要はなかった[3]。さらにペルシャはギリシャ側に圧力と干渉を強め、ついにスパルタはアテネと共に、「大王の和約」（前386年）によってイタリア半島南岸の支配権をペルシャ（当時の皇帝はアルタクセルクセス2世）に認め、ペロポネソス同盟も解散した。

　その後、アテネはナクソスの海戦（前375年）でペルシャの海軍を破ったものの、度重なる戦争から市民軍が不足し、傭兵に依存していたため、地中海の支配権を長く維持するのは難しかった。また、スパルタは新たな同盟を募る過程でテーベ（当時の指導者はエパミノンダス）と衝突し、レウクトラの戦い（前371年）に敗れた。スパルタも主力となる陸軍の兵力が度重なる戦争で打撃を受けており、アテネに代わって地中海の支配権を担うのが困難となっていた[4]。こうして、ギリシャの都市国家は、ペルシャ戦争の時と異なり、ペルシャによって繋がりを断ち切られた。そこに、隣接するマケドニア（フィリッポス大王）が騎馬と歩兵による強大な軍隊によって襲い掛かった。その結果、ギリシャ側は敗北し（ケーロネアの戦い、前338年）、その支配下に収められた。

初の「海上大国」―ローマ帝国と戦争

　一方、ギリシャに近いイタリア半島では、都市国家の一つであったローマが、前3世紀頃までにイタリア半島の北部以南を版図に収めた後、さらに経済活動の場を求めて地中海へと進出していった。この結果、ローマは、既に地中海の西部を勢力圏に収めていたカルタゴ（前出）と衝突し、三度にわたるポエニ戦争（前264 - 241年、前218 - 201年、前

149 – 146 年）の末に勝利した。さらには、地中海の東部に進出してマ
ケドニア（前出）及びコリントを滅ぼした（前 146 年）のに続いて、ギ
リシャの都市国家も支配下に置いた。その後も、ペルガモン（現在のト
ルコ内陸部に位置した）及びシリアのセレウコス朝（現在のシリア及び
トルコ付近を支配した）を併合し（前 133 年、前 64 年）、プトレマイオ
ス朝のエジプトを属州に収めた（前 30 年）ことにより、地中海の全域
を支配する「海上大国」としての立場を確立した。

　こうした戦争を進める際、ローマ自体は経済力・軍事力が共にカルタ
ゴを下回っていたが、ギリシャと同様に市民による重装歩兵団を備えた
上に海軍の艦隊も充実させて臨んだ。これに対して、カルタゴはアフリ
カ及び欧州の各地から募った傭兵を主力としていたために軍の統制を欠
き、勝利を収めたローマはカルタゴからシチリア島を獲得して一度は講
和した。その後、カルタゴはハンニバルを指揮官とした精鋭の歩兵部隊
を動員してローマに再度戦いを挑み、当初、ローマ軍は敗北を重ねた。
しかし、カルタゴ軍は海上の支配権をローマに握られていたため、ヒス
パニア（現在のスペイン）からガリア（現在のフランス）を経由して進
軍せざるを得なかった。この状況下で、スキピオに率いられたローマ軍
は、ザマの戦い（前 202 年）でカルタゴ軍の背後から補給路を遮断して
不利な形勢に追い込んで打ち負かし[5]、カルタゴからヒスパニアの植民
地を割譲させて、地中海の西部を支配下に置いた。その後、ローマはマ
ケドニアを攻撃した（前 200 年）際、カルタゴに食料を支援するよう命
じた。さらに、セレウコス朝に侵攻する際には、マケドニアからの支援
を得て臨んだ。

　このように、ローマは戦争で打ち破った国・地域を自らの同盟に取り
込んだ上で、独自では不十分な軍事力・経済力を提供させて戦勝を続
け、勢力圏を一層拡大していった。一方で、カルタゴやマケドニアが再
び対抗する姿勢を示すと、ローマはそれを自らへの潜在的な敵対行為と
捉え、破壊や解体という挙に出た[6]。その後、ローマは大規模な艦隊と

歩兵部隊を駆使して欧州大陸及び中近東の内陸にまで軍事力による領土の拡大を続け、トラヤヌス帝の治世下には、最大の領域を獲得した（114－117年）。その支配は、東はメソポタミア、西はヒスパニア、南はアフリカのサハラ砂漠、北はドナウ川付近のダキア（現在のルーマニア付近）及びガリアからブリタニア（ブリテン島）の南半分にまで及ぶ、文字通りの「帝国」となった。

　しかし、こうして版図を広げた結果、ローマ帝国は自らの安全を確保するために軍隊を増強することを余儀なくされた。このため、属州の住民からも兵士を募る等の措置を講じた結果、アウグストス帝の治世（前27－後14年）に25万人だった常備軍は、ディオクレティアヌス帝の時代（284－305年）には45万人から60万人へと膨張した。他方で、帝国全体の人口は200年に4千6百万人に達した後に減少し、軍隊を維持するための税収が不足したため、帝国の財政は悪化した[7]。そして、これは、人口の減少も相まって、兵力自体の不足ももたらした。

　さらに、ローマ帝国の拡大は、近接する国家・地域からの警戒も招いたため、武力衝突の原因となった[8]。東方のササン朝ペルシャがローマ帝国に反攻した際、遠征軍を率いたヴァレリアヌス帝はシャプール1世旗下のペルシャ軍に敗れて捕虜となった（260年）。また、2世紀頃からは北方のゲルマン人が帝国の領域内に侵入・移住し始めたが、ローマ帝国は国境を防備する兵力が不足していたため、それを止めるのが困難となっていたのみならず、ついにはゲルマン人を傭兵とするまでに追い込まれていた。

　こうした中で、テオドシウス帝はローマ帝国を一体として維持し続けることの限界を悟り、帝国を東西に分割することに踏み切った（395年）。これは、事実上、初の「海上大国」が崩壊したことに他ならなかった。その後、東ローマ帝国には、海洋によって隔てられていたことからゲルマン人の脅威が比較的及ばず、また、ササン朝ペルシャからの侵攻も防ぎ続けた[9]。しかし、西ローマ帝国はゲルマン人からの度重なる軍

事侵攻にさらされ、ついにゲルマン人の傭兵隊長オドアケルが皇帝を退位に追い込み（476年）、滅亡するに至った。

「海上大国」復活への試み—十字軍と戦争

西ローマ帝国の崩壊した後の欧州大陸では、8世紀−9世紀頃にかけて、ゲルマン人及びノルマン人の建てた国家（フランス、イタリア、神聖ローマ帝国等）が林立していた。しかし、こうした国家間・国家内では国王や貴族・諸侯の上下関係が明確でなく、秩序が不安定となっていた。こうした中で、ローマ教皇（西欧を中心とするカトリック教会の指導者）は、独自の領地（教皇領）や統治機構（教皇庁）を持ち、傘下の全教会を監督するのみならず、各国の騎士・諸侯に対して国王・皇帝に忠誠を尽くす義務を命ずるなど、国家を超えた支配権を握っていた。そうした中で、ローマ教皇のレオ3世は、東ローマ帝国に従属するような立場から脱しようと、フランク王国（ゲルマン人に属するフランク族が現在のフランス付近に建てた）のカール国王に西ローマ帝国皇帝の位を授けた（800年）ため、教皇と東ローマ帝国との関係は悪化した。

そのような中、11世紀前後から、欧州のキリスト教徒には、開祖イエスが葬れている中近東のエルサレムに巡礼する習慣が広まっていた。これに対し、中近東のイスラム系諸国のうち、セルジュク・トルコが、中近東一帯での貿易を独占しようと巡礼者を圧迫し始め、エルサレムを占領した上に、東ローマ帝国の領内も攻撃し始めた。そして、この事態に窮した東ローマ皇帝は、対立していたローマ教皇に救援を求め、これに応じたローマ教皇のウルバヌス2世は、フランスのクレルモンに公会議（聖職者が重要な事項を決定するための場）を招集し（1095年）、「トルコ人によって東方のキリスト教徒が苦しんでいるのを救う必要がある」[10]と呼びかけた。

実は、この公会議より20数年前にも、当時のローマ教皇グレゴリウス7世は、東ローマ皇帝からの救援を求められた際、神聖ローマ帝国

皇帝のハインリヒ 4 世に宛てた手紙の中で、「聖地エルサレムに世俗国家を建てるために遠征軍を送る」という計画に協力するよう求めていた[11]。これは、キリスト教の勢力圏を、東ローマ帝国から中近東にまで広げ、事実上、教皇の支配する新たな「海上大国」を、かつてのローマ帝国のように、地中海一帯に築こうという狙いを示していた。

　こうして、教皇の呼びかけに応じ、欧州各国の国王・諸侯・騎士等から成る十字軍が結成され、数次にわたってエルサレムを奪回するための戦いを開始した。まず第 1 回十字軍（1096 - 1099 年）は、イスラム側と激戦の末、エルサレムを占領した後、同地にエルサレム王国を樹立した。しかし、同王国には、騎士と兵士を合わせて 600 人程の軍隊しか駐留せず（後には、守備力の不足を補うために巡礼者も加わった）、イスラム側の大軍から絶えず攻撃を受けたために滅亡した（1187 年）。

　その後、第 2 回（1147 - 1149 年）・第 3 回（1189 - 1192 年）の十字軍がエルサレムを奪い返すために送られたが、中近東までの長い陸路・海路を遠征するという不利も重なり、目的の達成には至らなかった。また、東ローマ帝国側も、イスラム側に奪われた領土が十字軍によって回復されると、十字軍の活動には非協力的となり[12]、東ローマ帝国が地中海の全域を支配していた[13]ことも、十字軍の迅速な移動に支障を及ぼしていた。これに加え、イスラム側は騎馬と歩兵部隊を中心に十分訓練された常備軍を戦いに投入していた。一方の十字軍側は、戦う騎士よりも同行する巡礼や雑役夫の数が多く、そうした非戦闘員を騎士が護衛することが、戦闘上の支障となっていた[14]。

　さらに、十字軍に参加する国王・諸侯・騎士等は、領土及び戦利品を獲得しようと実利を求め、ベネチア等北イタリアの沿岸都市が兵の移送に協力したのも、それによって地中海の貿易を独占しようと狙ったためであった。これに対して、教皇は十字軍を直接指揮する権限を持たず、軍隊が十字軍本来の目的を逸脱した場合に統制するのが困難となっていた。実際、第 4 回十字軍（1202 - 1204 年）は、ベネチア商人と共謀

して東ローマ帝国の首都コンスタンティノープルを占領してラテン帝国（1204 - 1261 年）を建て（この間、東ローマ帝国は途絶した）、十字軍自体も教皇から破門されるに至った。

その後、第 5 回（1219 - 1221 年）・第 6 回（1228 - 1229 年）の十字軍がエルサレムを奪い返したものの、その支配は短期に終わった。続いて、第 7 回（1248 - 1254 年）・第 8 回（1270 年）の十字軍は、イスラム側の拠点となっていたエジプトやチュニジアを攻撃したが、エルサレム付近に十字軍側の建てた諸国家（復活したエルサレム王国、トリポリ伯国等）は利権を巡る争いを続けたために弱体化しており、次々とイスラム側の軍門に下った。そして、パレスチナのアッコンが陥落した(1291年)ことにより、ローマ教皇による新たな「海上大国」作りの目論見は挫折した。

その後の欧州諸国では、諸侯・騎士が十字軍への参加費用の重負担等で所領を失う一方、そうした土地を接収した国王は国内の支配権を強め、教皇への依存から脱していった。その結果、教皇は欧州諸国に対する政治面での影響力を低下させていった。

2 ｜「陸上大国」への胎動と戦争

匈奴対秦・漢の「陸上大国」争い

一方、ユーラシア大陸の中央部では、紀元前 4 世紀前後より、匈奴（トルコ系あるいはモンゴル系の遊牧民）が、モンゴル高原を中心に勢力圏を拡大し始めた。彼らは、単于（ぜんう）と呼ばれる指導者の下で、隣接する中国の戦国時代（前 403 - 302 年）には、その北方に位置する燕や趙と交易を行っていた[15]。その後、中国の国内で西方の秦が勢力を強めると、匈奴は、前述した燕や趙等と共にこれを攻撃したが、敗退した（前 318 年）。

その後、秦の始皇帝は中国を統一した後、将軍の蒙恬を派遣して匈奴

を討伐し（前 215 年）、河南（現在の中国・内モンゴル自治区内のオル
ドス地方）から駆逐した後、匈奴の侵入を防ぐために万里の長城を築い
た。さらに秦は、南越（現在の中国南部及びベトナム）まで支配しよう
と遠征軍を送るなど、勢力圏の拡大を進めたが、その急速な展開によっ
て国内が混乱し、短期間で滅んだ（前 206 年）。これを契機として、匈奴（当
時の指導者は頭曼単于）は再び河南の地を攻撃して手中に収めた。その
後、内紛の末に頭曼単于の後を継いだ冒頓単于は、東湖（現在の中国・
内モンゴル自治区東部に住む）、月氏（現在の中国・甘粛省に住む）等、
近隣の異民族を攻撃・駆逐し、秦が滅んだ後の中国で続いた内戦にも介
入して、勢力圏を拡大していった。

　そして、漢（前漢、初代皇帝は劉邦）が中国の国内を統一すると、匈
奴は中国の北部に侵攻した。これに対し、劉邦は匈奴を撃退しようと、
自ら兵を率いて出征したが、白登山で匈奴の兵に包囲されて敗北した（前
200 年）ため、匈奴に朝貢するという条約を結ぶのを余儀なくされた。
その後、匈奴は中国の国内に度々侵攻する一方、楼蘭、敦煌等の西域（現
在の中国・新疆ウイグル自治区）に位置する 26 もの国々を支配下に収
めて巨大な国家を築いた。このような勢力圏の拡大を支えたのは、最盛
期には 30 万の騎兵を備えた強大な軍事力であった[16]。

　さらに匈奴は、中国の辺境に侵攻を繰り返したが、それは領土の拡大
よりも家畜や奴隷の略奪を目的としていた[17]。これに対して、漢では武
帝の即位（前 141 年）後、匈奴を攻撃して河南を奪回した（前 127 年）
のに続き、獏南（現在の中国・内モンゴル地域）まで手中に収め（前
119 年）、さらには大苑（西域の交易上重要な拠点）を征服し、西域へ
の勢力圏を匈奴よりも拡大した。

　その後、匈奴の支配下にあった国々は次々と離反し、匈奴は一層弱体
化した。さらに、匈奴の部族内では内紛が続き（前 60 − 58 年）、西匈
奴と東匈奴とに分裂（前 56 年）した。この結果、東匈奴は漢の勢力圏
に入り、漢はこの機を逃さず西匈奴を北辺に駆逐した。匈奴等遊牧民族

の建てた国は、中国のように統治機構が整備されておらず、勢力圏の拡大等が困難に直面すると、民族・部族間の争いがさらなる混乱を招く傾向があり[18]、これに乗じて中国側は内紛に介入し、匈奴内部及び他民族・部族との分断を図った。

　その後、中国では前漢に代わって新が建ったが、匈奴への厳しい支配（他国から人質を受け入れることを禁止する等）が続き、これに反発した匈奴は中国の周辺に侵攻し続けた。また、新が近隣の諸部族を蔑視するような政策を採ったことから、西域の諸国は再び匈奴と関係を結んだ。さらに、新が倒れて漢が復興した（後漢、25年）後も、匈奴は中国への侵攻を繰り返したが、蒲奴単于が即位した（46年）後、国内で大飢饉が発生した。匈奴の内部では、これを契機に漢が攻撃してくるという事態を恐れ、呼韓邪単于の率いる南匈奴と蒲奴単于の率いる北匈奴に分裂し（48年）、南匈奴は漢と講和した後に北匈奴を攻撃して蒲奴単于を追放し、南匈奴の勢力圏が増すこととなった。

　こうして分裂した後の北匈奴は中国の辺境に侵攻を繰り返した。これに対して漢は南匈奴と結んで北匈奴の討伐を続け、北匈奴は中国の勢力圏から追放された（93年頃）。その後、南匈奴は漢に服属し、中国辺境の防護に当たったが、内部では単于による統制が弱体化していった。そして、漢は西域への支配権を強め、南越も勢力圏に収めた。しかし、こうした領域の拡大による財政の圧迫から漢は国内が混乱した。匈奴の支配から離れたモンゴル高原では、鮮卑（モンゴル系の遊牧民）が台頭し、これに匈奴は漢と共に対抗したが、抑えるのは困難であった。

　その後、漢の滅亡（220年）後、中国は三国及び魏晋南北朝の混乱期（220－589年）に突入し、異民族の建てた国家が割拠する（五胡十六国）という事態を迎えた。この中で南匈奴は内紛によって分裂した後、幾つかの国を建てたが、いずれも国内が安定せずに短期間で滅び、広大な支配権の回復には届かなかった。匈奴、秦、漢による「陸上大国」作りは、こうして挫折した。

突厥対隋・唐の「陸上大国」争い

　その後、5世紀頃のモンゴル高原では、突厥（トルコ系の遊牧民族）が、ブミンを指導者として西魏（中国の王朝）や西域と交易を行い、次第に勢力を拡大していった[19]。やがてブミンは、西魏の王族と婚姻関係を結び、自らを支配していた柔然（トルコ系の遊牧民）を討った後、イルリク可汗（かがん、最高指導者の位を指す）と称して突厥可汗国を建てた（552年）。さらに後を継いだムカン可汗は、西方のエフタル（アラル海の西方に住む）、東方の契丹（現在の中国東北に住む）、北方のキルギス（バイカル湖の西方付近に住む）等、近隣の諸民族を征服し続け、東は遼海（中国の東北部）、西が西海（現在のアラル海）、南は沙漠（現在のゴビ砂漠）、北は北海（現在のバイカル湖）までを版図とする巨大な国家を築いた。

　こうした中、中国の北周と北斉は互いを牽制しようと、突厥との同盟を求めた。これに対して、突厥は、両者の一方と結んで他方を抑えることを交互に繰り返して国益の拡大を図った。その後、中国で隋が建国されて（581年）国内の統一を進めると、イシュパラ可汗を戴く突厥は、北方の異民族と同盟して隋を攻撃し、北部の国境付近に侵攻を繰り返した。

　これに隋は反撃に乗り出し（582年）、突厥を敗走させた。そして突厥では、この敗北が引き金となって内紛が始まり、イシュパラ可汗の率いる東突厥（モンゴル高原付近を支配する）とアパ可汗を戴く西突厥（西域一帯を支配する）に分裂した。東突厥は西突厥からの攻撃を恐れて隋に援助を求め、隋と共に西突厥を破った後、隋と講和した。

　その後、東突厥の内部でタルドゥ可汗（イシュパラ可汗の甥）とケミン可汗（イシュパラ可汗の子）が対立すると、隋はケミン可汗と結び、突厥の支配体制に介入した。続いて、東突厥に支配されていた諸部族が反乱を起こす（600年）と、隋の文帝は東突厥と結んでこれを抑え、突厥の領域に影響力の強化を図った。しかし、隋は、西域に加えて高句麗

（現在の北朝鮮）も支配しようと出兵したが果たせず、外征による国力の疲弊から国内が混乱に陥った。その中で、唐公の李淵は隋を打倒しようと東突厥に協力を求め、これに応じたシカ可汗（ケミン可汗の長男）は２千騎の援軍を派遣して隋を打倒した。

　こうして隋に代わって唐が建国される（618年）と、東突厥は再び中国領内への侵攻を繰り返した。しかし、東突厥に支配されていた諸部族が反乱に及ぶと、唐の太宗は東突厥の討伐に乗り出し、イリグ可汗（ケミン可汗の三男）を捕えて、唐の支配下に収めた（630年）。突厥も匈奴と同様に、中央アジア以外に支配権の拡大を狙ってはいなかったが、唐は漢と同様に、中央アジアまで支配しようと目指していた。そのために唐は、突厥の内紛を利用し、分裂させて弱体化を図った[20]。一方の突厥は、支配した他民族・部族に兵役・農耕等の苦役を課したため、これに対する反乱が国内で絶えなかった。

　その後、東突厥はイルテリシュ可汗が突厥第二帝国を建てて再び独立し（682年）、唐及び周（唐に代わって一時的に建国、690－705年）に再び侵攻を始めた。そして、唐が復興すると、西域の攻略に専念し、唐と友好関係に入った。しかし、指導者のビルゲ可汗（イルテリシュ可汗の子）が亡くなる（734年）と、東突厥はまたも内紛状態となり、これに乗じたウイグル（モンゴル高原に住む）が介入した結果、東突厥は滅んだ（744年）。一方、分裂した後の西突厥は、トンヤブク可汗の時期（619－628年）に勢力圏を西方に拡大した（後述）が、その死後は内紛が続き、唐の高宗が送った討伐軍に敗れて支配下に下った（662年）。しかし、その後も内部の混乱は続き、ウイグルに服属することとなって滅亡した（780年頃）。

　こうして、唐は中央アジアへの支配権を確立した。さらに朝鮮半島では、新羅（現在の韓国）を支援して高句麗を滅ぼした上で勢力圏に収め、玄宗の時期（712－756年）には東は渤海（現在の中国東北部に位置した国）と隣接し、西はアラル海の東岸、南はチャンパー（現在のベトナ

ム）と接し、北はモンゴル高原に至る、最大の領域を獲得した[21]。そして、広大な領域を収めるために、6 の都護府（辺境の行政を担当する役所）及び 10 の節度使（辺境を防衛する部隊の指揮官）を配置し、外敵の侵攻から防衛するための体制を固めた。しかし、国境を守るために必要な民兵の維持費は、支配領域の拡大に伴い、7 倍に膨れ上がって財政を圧迫し[22]、さらには、民兵を統括する節度使が軍事力を強化して度々反乱を繰り返したため、唐は国力が衰え、滅亡した（907 年）。

　こうして、新たな「陸上大国」を築こうとする、突厥、隋、唐による試みは、再び挫折した。その後の中国は、節度使が各々の拠点に築いた国々の興亡が続いた（五代十国、907 - 960 年）。続いて宋が中国を統一したが、隋・唐とは異なり、中央アジアへの勢力圏の拡大には消極的な姿勢を採った。

初の「陸上大国」─モンゴル帝国と戦争

　12 世紀頃、モンゴル高原の黒竜江付近には、遊牧民族のモンゴル人が居住していた。やがて、テムジンがチンギス汗として最高指導者の座に就き（1206 年）、近隣諸国家・地域への勢力圏の拡大に乗り出した[23]。そして、西夏及び西遼（西域・中央アジア付近に位置した）及びホラズム国（現在のペルシャ及びアフガニスタン付近に位置した）等を支配下に収め（1218 - 26 年）、中国の東北部からアラル海に至る巨大な国家を形成した。

　さらに、チンギス汗の死後（1227 年）、オゴタイ汗（チンギス汗の三男）は金（中国の東北部を支配した女真族が宋を滅ぼした後に中国の北半分に建てた国）を滅ぼした（1234 年）のに続いて高麗（現在の朝鮮半島に位置した国）を服属させた。また、バトウ（チンギス汗の長男ジュチの子）は西方に軍を進めてキエフ公国（現在のロシア西部に位置した）及びハンガリー王国を制圧し（1241 年）、フラグ（チンギス汗の四男トゥルイの三男）はアッバース朝（現在のシリア付近に位置したイスラム王

国）を滅ぼし（1258年）、フビライ（トゥルイの次男）は大理国（現在の中国・雲南省付近に位置した国）や吐蕃（現在のチベット一帯）を各々征服した（1253年）。分けても東欧では、リーグニッツ（別名ワールシュタット、現在はポーランドのレグニツァ）で、迎え撃ったドイツの騎士団を大敗に追い込んでいた。

　こうして、中央アジア、中近東から欧州の東部までを版図とするモンゴル帝国が実現した。これは、万人隊（トゥメンタイ）と呼ばれる大規模な騎兵及びそれに武器・食料等を供給する膨大な数の兵站部隊が、「草原を国境のない海のように」進軍し得たからに他ならなかった[24]。モンゴルは当初、版図の拡大先として中央アジア以西を念頭に置き、金に侵攻したのは、金品及び食料の強奪が目的であった。しかし、金の抵抗が予想以上に激しかったため、征服した他の民族がモンゴルに反旗を翻した際の警告として、南宋（宋が金に滅ぼされた後、中国の南半分に建てた国）と結んで金を打倒した。その一方、服従する他民族には貴金属・絹等の貢ぎ物と引き換えに自治を委ね、自らに反抗しない限り、住民の虐殺等過酷な弾圧手段には踏み切らなかった。

　その後、モンゴル帝国は、広大な領域の全体を統治するのが困難となったため、フビライ汗が即位した（1260年）のを契機に、オゴタイ汗国（モンゴル高原からアラル海付近）、キプチャク汗国（アラル海北部から現在のロシア南部及び東欧諸国）、チャガタイ汗国（中央アジアから現在のインド北部）、イル汗国（現在のイラン及びアフガニスタン一帯）が分離・独立し、フビライ汗の治める元（中国の東北部及び北部一帯）を宗主国とする体制が成立した。

　さらにフビライ汗は、元の首都を大都（現在の北京）に移した（1271年）上、征服した高麗人に命じて軍艦を建造させ、大規模な海軍を作り上げた。そして揚子江の流域に5百隻の艦隊を派遣して南宋を滅ぼし（1279年）、中国の全土を版図に収めた。しかし、勢力圏のさらなる拡大を目指して近隣諸国・地域に侵攻した（日本には1274年と1281年、

現在のジャワ島に位置したシンゴサリ王国には 1292 - 1293 年）が失敗
し、その他の征服地でも反乱が続いた。海を隔てた日本や東南アジアを
征服するための大規模な兵力と膨大な数の輸送船を用意するのは、元来
陸上に拠点を持つモンゴル族にとって負担の限界を超えていた。実際、
1274 年に日本を襲った元軍が、初戦に勝利した後に撤退した（その後、
帰途で台風に遭い大被害を受けた）のは、「日本を征服するために必要
な援軍を派遣するには、海上のみの輸送では難しい」という現地部隊指
揮官の判断があったと言われる[25]。

　その後、フビライ汗が死去する（1294 年）と、元では皇帝の座を巡
る内紛に加え、疫病の蔓延等で国内も混乱し、各地で民衆による大規模
な暴動が起こった。これに対して、元に駐留するモンゴル軍はチンギス
汗やフビライ汗の時代と比べて実戦の経験に乏しく、兵力自体の不足も
手伝い（元の国内でモンゴル人の数は百万人足らずに対して、中国人は
約 7 千万人に上った）、治安の回復は難しかった。そして、反乱軍の大
部隊は南京を陥落させて中国北部への補給線を寸断した上で北上を続け
た。この攻勢にモンゴルの支配層は大都を放棄し北方に逃れ、元は滅ん
だ（1368 年）。

　モンゴル人が支配する他民族に数の面で劣るという点は、他の 4 汗国
も変わらなかった。その結果、キプチャク汗国、チャガタイ汗国（1310
年頃にオゴタイ汗国を併合する）、イル汗国とも、モンゴルの支配層は
多数派の信ずるキリスト教やイスラム教に改宗し、また汗位を巡って繰
り返し争ううちに統治力を低下させていった。そして、ティムール（サ
マルカンド付近出身の軍事指導者）の率いる軍隊によって、次々と征服・
解体された（イル汗国は 1393 年、チャガタイ汗国は 1395 年に征服され、
キプチャク汗国は 1395 年に解体された後、1502 年に滅亡した）。こう
して、ユーラシア大陸のほぼ中心部を勢力圏に収めた、初の「陸上大国」
は崩壊した。

　以上、「海上大国」と「陸上大国」が次々と登場し交代した経緯を概観してきた。次に、こうした国々が、相互にあるいは近隣の諸国・地域と、戦争や安全保障政策を通じて、どのように関係していたのかを検討してみたい。

3 ┃ 変転する「海上大国」・「陸上大国」と戦争

東西ローマ帝国・フン族・ゲルマン諸部族間の戦争

　紀元１世紀頃、ローマ帝国の北辺に当たるゲルマニア（現在のドイツ付近）やサルマチア（現在の黒海沿岸一帯）には、ゲルマン人の諸部族（東ゴート族、西ゴート族等）が住んでいた[26]。その後、４世紀頃から、西方よりフン族（アジア系の遊牧民族）が黒海の付近に達した後[27]、さらに東ゴート族の領域に侵入し（375 年）、カスピ海北岸の草原地帯からゲルマニア及びダキア一帯を支配領域に収めた。

　こうして、フン族に追われた両ゴート族は難民となって隣接するローマ帝国に流れ込んで保護を求めた。しかし、難民たちをローマ側が虐待するような態度をとったため、西ゴート族（指導者はフリティゲルン）は反抗し、ローマの軍隊を打ち破って、当時のヴァレンス帝を殺害した（378 年）。その後、ローマ帝国は、互いに対立するゴート族やフン族と同盟を結び、彼らにパンノニア（現在のハンガリー付近）の領有を許した（380 年）。その後、両部族はローマ帝国に傭兵を送り、テオドシウス帝による内乱の鎮圧に加勢した（388 年）。

　その後もフン族は西ローマ帝国の傭兵として、アルメニアからメソポタミア北部へとササン朝ペルシャに侵攻した（395 − 396 年）。さらにウルディン（フン族の指導者）は東ローマ帝国の領内で反乱を起こした西ゴート族を鎮圧した（400 − 401 年）。

　しかし、その後、ウルディンは兵を率いてトラキア（現在のブルガリア付近）を占領した（408 年）。これに対して東ローマ帝国側はウルディ

ンの配下を買収して味方につけ、フン族を撤退させた。一方、西ゴート族の首長アラリックはフン族の兵を雇ってローマへの進軍を目論んだが、西ローマ帝国もフン族の傭兵1千人をイタリア及びダルマチア（現在のアドリア海東岸一帯）に配備してこれに備え、西ゴート族の侵攻を抑止した（409年）。

　その後、フン族はドナウ川の中流域を制圧した（410年）後、再び東ローマ帝国への侵入と略奪を繰り返したため、東ローマ皇帝のテオドシウス2世は、フン族に毎年貢納金を送るという条約を結んで講和した（430年頃）。他方で、西ローマ帝国では、将軍のアエティウスがフン族を傭兵として内戦やゲルマン諸部族との戦いに臨んだ。こうした中で、西ローマ帝国は、フン族から兵力の提供を受ける見返りとして、パンノニア一帯の支配を認めた（433年）。

　その後、フン族はローマ帝国からの貢納金と同帝国内諸都市からの略奪で得た富により、対抗するゲルマン諸部族への支配を強化していった。さらに、アッティラがフン族の指導者となる（434年）と、東ローマ帝国からの貢納金を倍増する条約を結んだ後、講和を破って同帝国に侵入し、バルカン半島一帯で略奪を続けた。こうした攻撃に敗北した皇帝のテオドシウス2世は、さらに莫大な貢納金を送る取り決めを結んで懐柔しようとした（443年）が、アッティラの軍は東ローマ帝国に再び侵攻した（447年）。

　さらに、アッティラは大軍を率いてガリアに侵攻した。これに対してアエティウスを指揮官とするローマ軍は、西ゴート族の部隊と共に応戦し（カタラウヌムの戦い、451年）、辛くもフン族を撤退に追い込んだ。パンノニアの平原では多数の騎馬を養うのに必要な牧草が不足したため、フン族は歩兵を補助する程度の限られた数の馬しか保有できず、不利な戦いを強いられていた[28]。しかし、アッティラはこの敗北にひるまず、態勢を立て直してイタリア半島を侵略した（452年）が、部隊に疫病と飢餓が発生したために撤退し、さらなる東ローマ帝国への侵略を企

てたものの、急死して果たせなかった（453年）。

　アッティラの死後、フン族に支配されていた諸部族が反乱し、フン族を破った（ネダオ川の戦い、454年）。これに対してフン族の一部は東ゴート族に反撃したものの失敗し、東ローマ帝国の領内に避難した。そして、残余のフン族は、東方の草原地帯に撤退したと言われる。

　このように、ローマ帝国は、フン族及び自らとフン族の中間地域に位置するゲルマン諸部族等と対立や同盟を繰り返しつつ、勢力圏の拡大を巡る争いを続けた。しかし、ローマ帝国は既に、安全を守るための軍事力をフン族やゲルマン諸部族に頼っていたため、こうした争いを有利に進めることが困難となっており、フン族の脅威から脱するには、彼らの自滅を待つのみとなっていた。そして、その脅威が去った後、ローマ帝国は、領内に侵入したゲルマン諸部族による国家が割拠するという、新たな安全保障上の危機を迎えた。

西突厥・ササン朝ペルシャ・東ローマ帝国間の戦争

　その後、6世紀に入り、東ローマ帝国は、ユニティニアヌス帝の下で、西ローマ帝国が滅亡したことにより失われた勢力圏の回復に乗り出した。そして、ベルサリウスとナルセスの両将軍が率いるゲルマン人の傭兵によって、ヴァンダル王国（ゲルマン人のヴァンダル族が現在の北アフリカ・アルジェリア付近に建てた）、東ゴート王国（前出した東ゴート族が現在のイタリアに建てた）を滅ぼし（534年）、さらに西ゴート王国（前出した西ゴート族がスペインに建てた）から領土の一部を奪い、地中海一帯の制海権を握った。しかし、同皇帝が死去する（565年）と、中近東のササン朝ペルシャから侵入を受ける等の脅威に直面していた。

　一方で同じ頃、突厥（指導者は前出したイルリク可汗の弟であるイシュテミ可汗）は、アラル海やボルガ川下流域を越えて、東ローマ帝国の首都コンスタンティノープルに達し（555－558年頃）、東ローマ帝国と交易を始めた[29]。その間、突厥は、エフタル（アラル海の東岸付近を拠

点としたトルコ系の遊牧民族）と衝突したため、隣接するササン朝ペルシャ（当時の皇帝はダリウス１世）と結んでエフタルを討伐し、その領土を東ローマ帝国と分割した（557 - 561 年）。しかし、その後、突厥はペルシャ帝国にも領土内での交易を求めたが拒絶されたため、568 年に東ローマ帝国との間でペルシャに対抗するための同盟を結んだ[30]。

やがて、突厥がシルクロード（ユーラシア大陸の草原地帯を東西に結ぶ交易路）での略奪を再開し（580 年頃）、西突厥（前述のとおり、この時期に突厥は東西に分裂した）の配下となっていたエフタルがペルシャ帝国の領内に侵入したことから、西突厥とペルシャは本格的な戦争に突入した（第１次突厥・ペルシャ戦争、588 - 589 年）。ペルシャ軍は１万２千人の精鋭部隊を投入してイシュテミ可汗を討ち取り、戦いは突厥側の敗北に終わった。その後、突厥は巻き返しを図り、エフタルに加えてハザル人（西突厥から分かれて黒海の北岸を支配していた）に提供させた大軍を投じて再びペルシャを攻撃した（第２次突厥・ペルシャ戦争、607 - 608 年）が、またもペルシャ軍に敗れ、ペルシャはシルクロードの交易を支配し続けた。

同時期のペルシャは、東ローマ帝国に侵入してアルメニア（カスピ海北岸の地）の大部分を獲得した（607 年）のに続き、メソポタミア、シリア、パレスチナの他にアナトリア（トルコの南部）の一部、エルサレムまで版図に収めた（614 年）。さらには、ペルシャと同盟を結んでいたアヴァール人（現在のハンガリー付近を拠点としたアジア系の遊牧民）がコンスタンティノープル（東ローマ帝国の首都）を包囲した（617 年）のに呼応してエジプトに侵攻し、北部の中心都市アレクサンドリアを手中にしてコンスタンティノープルへの食糧の供給を遮断し、東ローマ帝国を圧迫した[31]。

これに東ローマ帝国のヘラクレイオス帝は屈せず、アヴァール人と停戦して（622 年）軍隊を再編成した上、アルメニアに進撃してペルシャ軍を破った。その直後にアヴァール人が停戦を反故にしてトラキアに侵

攻すると、同帝はアヴァール人と新たな協定を結んでアルメニアを奪回し（624年）、これに対するペルシャによるコンスタンティノープルへの攻撃を退けた。

　さらに、ヘラクレイオス帝は、西突厥の指導者となっていたトンヤブク可汗（前出）に使者を送り、軍事援助を受ける見返りに「莫大な富」を提供する旨を提案した。トンヤブク可汗は、シルクロードをペルシャから奪い返して東ローマ帝国との交易を再開しようと目論んでいたため、この申し出に応じ、1千人の騎兵を動員してペルシャとの戦端を開いた（第3次突厥・ペルシャ戦争、627－629年）。

　こうして、西突厥とハザル人は、デルベント（カスピ海の西岸に位置するペルシャ帝国の要塞都市）を制圧した。デルベントを守る軽装備の市民兵は、トンヤブク可汗自らが率いる大規模な騎兵の襲来になす術がなかった。続いて、突厥側は、ヘラクレイオス帝自身の指揮する東ローマ帝国の軍と共に、トビリシ（ペルシャ帝国に服属するグルジア汗国の首都で、シルクロード交易の中心都市）を包囲した。これが長期化したため、西突厥側は4千人の駐留軍を残して一端撤退したが、ヘラクレイオス帝はメソポタミアに進軍してペルシャを破り（627年）、続いて、ダスダギルト（現在のダスカラ、ペルシャ帝国の首都クテシフォンの東部に位置する）の王宮を襲って略奪した（628年）。さらには、メソポタミア、シリア、パレスチナをペルシャから東ローマ帝国に返還させることにも成功した（630年）。

　一方、西突厥側は東ローマ帝国の戦勝を知ってトビリシの包囲戦を再開し、これを陥落させた。その後、トンヤブク可汗は、配下の将軍に「トビリシの支配者が突厥に従う限り、命を保証せよ」と命じた。これは、シルクロードでの交易に対する支配を安定させるために、拠点となる都市が突厥に対して反発するのを避けようとする配慮であった。

　このように、西突厥は東ローマ帝国と軍事・外交上の協力関係を結ぶことによってササン朝ペルシャを挟撃し、共に勢力圏の回復・拡大に成

功した。しかし、この後、こうした諸国・集団に対する新たな脅威が中
近東に出現することとなった。

イスラム諸国・十字軍・モンゴル帝国間の戦争

　7世紀、中近東のアラビア半島では、イスラム教の指導者マホメット
に率いられた集団が、アラビア半島を統一した（632年）。マホメット
はその直後に死去したが、その後継者は引き続き勢力圏の拡大を続け、
ササン朝ペルシャを滅ぼした（642年）後、8世紀の前半には、中央ア
ジアで中国の唐と向き合った上にインダス川の流域に版図を広げ、欧州
大陸ではフランク王国（前出）と境を接し、東ローマ帝国の領土にまで
迫った。この間、東ローマ帝国とフランク王国はイスラム側の攻撃を
受けたが撃退（東ローマ帝国はコンスタンティノープルの包囲戦〔718
年〕、フランク王国はトゥール・ポワティエの戦い〔732年〕）したもの
の、唐は敗北し（タラス河畔〔現在のキルギス付近〕の戦い、751年）、
中央アジアでの勢力圏を後退させた。

　その後、ローマ教皇及び西欧諸国から成る十字軍とイスラム諸国との
間でエルサレム一帯の支配を巡る争いが続く（前述）中、モンゴルがユー
ラシア大陸の東西に向けて勢力圏の拡大に乗り出した。こうしたモンゴ
ルの動きに、十字軍側からは「プレスター・ジョン（西欧のキリスト教
徒が危機に瀕した際、救援に現れるとの伝説に語られた東方キリスト教
国の王）の到来」と捉えて歓迎する声が上がっていた。しかし、モンゴ
ル軍が東欧諸国に侵攻した（前述）際の残虐な行為が伝えられると、評
価は一変し、ローマ教皇のイノケンティウス4世は、リヨンでの公会議
（1245年）において、「モンゴル問題を神のハンマーとしてではなく、
外国の侵略勢力として処理する」との決定を下した[32]。

　その後の1248年、第7回十字軍を率いたフランス国王ルイ9世に、
モンゴル側（北部ペルシャの軍事総督エルジギタイ）は使節を送り、「モ
ンゴル側がバクダッドを、十字軍がエジプトを夫々同時に攻撃した後、

共同してエルサレムを解放する」ことを目指した軍事同盟の締結を申し
入れた[33]。この申し出を信じたルイ王は、翌1249年1月、エジプトに
上陸し、マムルーク朝（イスラム側が同地に建てた）の首都カイロを目
指した。ところが、同時期、モンゴル側では汗位の継承を巡って内紛が
勃発し、新しい汗が決まるまでバクダッドへの攻撃を見合わせた。この
ため、ルイ王の軍隊はマムルーク朝の軍隊に襲われて大敗し、捕虜となっ
た王は、莫大な身代金を支払って翌1250年5月に釈放された。その後
ルイ王は1254年まで十字軍の指揮を執ったが、1252年にモンゴル側か
ら「貢物をよこさなければうち滅ぼす」という内容の書簡を受け取った
ことから、対イスラムの共同戦線を組むのを拒否するに至った[34]。

　その同じ1252年、当時のモンゴル帝国の指導者ムンゲ汗は、クリル
タイ（モンゴル族の内部で汗位の継承等重要な決定を行う会議）で、「ペ
ルシャ、シリア、さらにはエジプトの国境まで遠征する」との方針を発
表した。これは、「モンゴル帝国の世界制覇を実現するための計画」であっ
たが、ムンゲ汗の狙いは、中国の宋とペルシャという当時の二大文明勢
力を支配することにあり、欧州は侵攻する先から除外されていた[35]。そ
して、この遠征で指揮を託されたフラグ（前出）は、ペルシャ、メソポ
タミア、バクダッドを攻め落とし（1258年）、さらにダマスカス（現シ
リアの重要都市、イスラム側が十字軍から奪還していた）を陥落させた
（1260年）。このダマスカスへの攻略には、アンティオキア侯国（十字
軍国家の一つ）のボヘモント5世が加わっていた[36]。

　こうしたモンゴル軍による侵攻の報に、十字軍が中近東に拠点として
築いていたキリスト教国家（前出したエルサレム王国等）では、「モン
ゴル帝国と同盟するか中立を守るか」で議論が噴出した。しかし、同じ
頃、モンゴル側は東欧諸国からの反攻に対する報復として住民への虐殺
に及んでおり、これを知ったローマの教皇庁は、「モンゴル人は異教徒
であり、信頼すべきではない」との厳命を下した[37]。

　その後、ムンゲ汗の死去（1259年）に伴い、フラグが軍の大半を一

時撤退させると、十字軍諸国はモンゴルの残留部隊に攻撃を仕掛けたが、モンゴル軍はこれを壊滅させた。しかし、モンゴル軍は長期にわたる遠征で消耗と疲労が激しく、翌 1260 年 9 月、パレスチナ地方のジャールートでイスラム軍との戦いに敗れた。フラグは劣勢を挽回しようと、翌 1262 年、パリのルイ 9 世に使者を送り、「フランス王と共同してイスラムと戦い、エルサレムをローマ教皇に返還し、イスラムに囚われているキリスト教徒を解放したい」と申し入れた。これに対して教皇アレキサンドロス 4 世は、「イスラムはモンゴルより我々に大きな災いをもたらす」と協力に前向きな姿勢を示したものの、結局、欧州から軍を派遣することはなかった[38]。

その後、モンゴル側はイスラム側の反攻に苦慮し、1287 年、イル汗国の指導者アルグンはローマに使節を送り、モンゴル帝国内でのキリスト教徒の厚遇を伝えた。これを評価したフランス王フィリップ 4 世は、「フランスとモンゴルが共同してエジプトを攻撃する」という案を返書で送り、アルグンも「1290 年に共同攻撃を実施し、エルサレムを欧州に贈る」と応じた[39]。しかし、その前に十字軍はイスラム軍の攻撃を受けて中近東での拠点を失い（前述したアッコンの陥落、1291 年）、その数日後にアルグンも死去し、モンゴルがエジプトを手中にすることはなかった。

結局、十字軍とモンゴル帝国は、お互いの不信状態が長く続いたことが影響し、共にイスラム諸国内への勢力圏拡大を果たせずに終わった。そして、イスラム諸国は、中近東一帯での支配を強化していくこととなった。

小結

古代・中世の国際政治において、「海上大国」（古代ギリシャの都市国家、ローマ帝国及びそれに準じた十字軍等）は地中海及びその近隣地域に勢力圏が限られたのに対し、「陸上大国」（匈奴、突厥、モンゴル帝国

及びそれに準じたフン族等）はユーラシア大陸の幅広い地域に勢力圏を
広げるという優勢な立場にあった。そして、両者は、中間に位置する国
家・地域（ゲルマン諸部族、ササン朝ペルシャ、イスラム諸国等）に勢
力圏を拡大しようとする際、対立あるいは同盟して軍事行動に踏み切る
ことも見られた（東ローマ帝国とフン族、突厥と東ローマ帝国、十字軍
とモンゴル帝国、等）。

　しかし、「海上大国」も「陸上大国」も、共に戦争という手段によっ
て勢力圏を拡大したものの、それを維持するための軍事負担への対応が
困難となり、結局、外部からの圧力や内部の混乱によって崩壊し、新た
な「大国」に支配の座を譲ることを繰り返していた。そこには、「戦争
が国家を作り、国家が戦争を作った」[40] という構図が如実に示されてい
た。

注
1　Halford J. Mackinder, *Democratic Ideals and Reality*, W. W. Newton, New York,
　　1962. 邦訳は、マッキンダー著、曽村保信訳『デモクラシーの理想と現実』原書房、
　　1985 年、46 頁。
2　桜井万里子編『ギリシャ史』山川出版社、2005 年、82 頁。
3　同上、90 - 91 頁。
4　V・D・ハンセン著、遠藤利国訳『図説　古代ギリシャの戦争』東洋書林、2003 年、
　　168 頁。
5　Alfred Thayer Mahan, *The Influence of Sea power: upon History, 1660-1783*,
　　London, 1965 edn. 邦訳はマハン著、北村謙一訳『海上権力史論』原書房、2008 年、
　　3 頁。
6　A・ゴールスワーシー著、遠藤利国訳『図説　古代ローマの戦い』東洋書林、
　　2003 年、82 - 84 頁。
7　Azar Cat, *War in Human Civilization*, Oxford University Press, 2008. 引用は、A・
　　カット著、石津朋之他監訳『文明と戦争（下）』中央公論新社、2012 年、57 頁。
8　Bryan Ward-Perkins, *The Fall of Rome: And the End of Civilization*, Oxford
　　University Press, 2006. 引用は、B・W・パーキンス著、南雲泰輔訳『ローマ帝

　　　国の崩壊』白水社、2014 年、64 頁。

9　同上、100 頁。

10　新人物往来社編『ビジュアル全書　十字軍全史』新人物往来社、2011 年、16 頁。

11　橋口倫介『十字軍』岩波書店、1974 年、114 頁。

12　Rodney Stark, *God's Battalions: The Case for Crusades*, Harper Collins Publishers, 2009. 引用は、ロドニー・スターク著、櫻井康人訳『十字軍とイスラーム世界』新教出版社、2016 年、201 頁。

13　同上、82 頁。

14　前掲書『十字軍』66 頁、200 頁。

15　匈奴と近隣諸国・地域との戦争は、『史記』、『漢書』、『後漢書』、『晋書』を参照。

16　稲畑耕一郎監修『中国文明史図説 4　秦漢』創元社、2005 年、145 - 146 頁。

17　Cristopher I. Beckwith, *Empire of the Silkroad: A History of Central Eurasia from Bronze Age to the Present*, Princeton University Press, NJ, 2009. 引用は、C・ベックウィズ著、斎藤純男訳『ユーラシア帝国の興亡―世界史四〇〇〇年の震源地』筑摩書房、2017 年、161 頁。小松久男編『中央ユーラシア史』山川出版社、2000 年、46 頁。

18　堀敏一『東アジアの歴史』講談社、2008 年、44 - 45 頁。

19　突厥と近隣諸国・地域との関係は、『周書』、『隋書』、『旧唐書』、『新唐書』を参照。

20　前掲書『ユーラシア大陸の興亡』207 頁。

21　Michael Dillon, ed., *China: A Historical and Cultural Dictionary*, Richmond, Surrey: Curzon, 1998, p360.

22　前掲書『文明と戦争（下）』67 頁。

23　モンゴルと他国家・地域との戦争は、R・マーシャル著、遠藤利国訳『図説モンゴル帝国の戦い』東洋書林、2001 年を参照。

24　Robert Gilpin, *War and Change in World Politics*, Cambridge University Press, New York, 1981, p58 - 59.

25　『元史』、『高麗史』を参照。

26　ローマ帝国と近隣諸民族・部族との戦争は、前掲書『ユーラシア大陸の興亡』、E・A・トンプソン著、木村伸義訳『フン族―謎の古代帝国の興亡史』法政大学出版局、1999 年、L・アンビス著、安斎和雄訳『アッチラとフン族』白水社、1973 年を参照。

27　フン族が北匈奴（前出）の流れを汲むとする説があるが、未だに決定的な証拠は挙がっていない。沢田勲『匈奴―古代遊牧国家の興亡』東方書店、1996 年、187 頁。

28　Rudi Paul Lindner, Nomadism, Horses and Huns, *Past and Present* vol.92, p3 - 19.

29 突厥と東ローマ帝国との戦争は、R. N. Frye, "The Political History of Iran under The Sasanians", in E. Yarshater, ed., *The Cambridge History of Iran*, vol.3, p116 – 180, Cambridge, Cambridge University Press, 1983. を参照。

30 Liu,Xinra, "The Silk Road: Overland Trade and Cultural Interactions in Eurasia", in Michael Adams, ed., *Agricultural and Pastoral Societies in Ancient and Classical History, Phlradelphia*, Temple University Press, 2001, p168.

31 東ローマ帝国とササン朝ペルシャとの戦争は、Warren Treadgold, *A History of the Byzantine State and Society*, Stanford, Stanford University Press, 1997. を参照。

32 前掲書『図説 モンゴル帝国の戦い』198 頁。

33 伊藤敏明『モンゴル vs. 西欧 vs. イスラム—13 世紀の世界大戦』講談社、2004 年、54 – 55 頁。

34 同上、77 – 78 頁。

35 前掲書『図説 モンゴル帝国の戦い』214 – 215 頁。

36 前掲書『十字軍』199 頁。

37 前掲書『図説 モンゴル帝国の戦い』235 – 238 頁。

38 同上、286 頁。

39 同上、286 – 287 頁。前掲書『モンゴル vs. 西欧 vs. イスラム』213 – 218 頁。

40 Charles Tilly, eds. *The Formation of National States in Western Europe*, Princeton, Princeton University Press, 1975, p42.

第2章
「海上大国」・
「陸上大国」の形成
―近世－19世紀の戦争

1 | 「海上大国」の形成と戦争

スペイン対英国の「海上大国」争い

　15世紀末、スペインはイスラム教徒をイベリア半島から駆逐した後、海上での勢力圏の拡大に乗り出した。16世紀にはコルテス（探検家）がアステカ帝国（現在のメキシコ付近に位置した）を滅ぼし（1521年）、ピサロ（同）がインカ帝国（現在のペルー付近に位置した）を征服する（1533年）などして、中南米に勢力圏を広げた。スペイン側は少人数の兵であったものの銃で武装していた一方、そうした武器を持たなかったインカやアステカの側は、抵抗の末に敗れた。

　これに加え、同世紀の前半には国王のカルロス1世が神聖ローマ帝国の皇帝（カール5世）も兼ね、オーストリア、ネーデルランド（現在のオランダ）、イタリア等に領地を広げ、東南アジアのフィリピンまで支配下に収めた。地中海では、オスマン・トルコ（13世紀末に建国され、現在のトルコ及びバルカン半島、中近東、北アフリカの地中海沿岸を支配した、以下トルコとも略す）の海軍と戦った際、戦闘隊形を整えないままに急襲されて敗れた（プレヴェザの海戦、1538年）ものの、同世紀の半ば、フェリペ2世の時代には、ギリシャの沖合で破った（レパン

トの海戦、1571年)。この時、トルコの海軍は長期間の遠征中で武器が
不足していたのが敗戦の要因であった[1]。

さらにスペイン王がポルトガルの王位も兼ね(1580 - 1640年)、同
国が植民地としていた南米、アフリカ大陸、アラビア半島、インドの沿
岸部及び東南アジアのボルネオ島まで版図に加えた。その一方、スペイ
ンは本国と植民地とを結ぶ海上交通路の安全を維持するために、大規模
な艦隊が必要となり、それらを国外から募ることで充足した。その結果、
スペイン海軍の保有する艦船は、1549年の146隻が12年後には三倍に
増えていた[2]。

また大陸では、オスマン・トルコが大軍を率いてオーストリアの首都
ウィーンを包囲して(1529年)圧迫したことへの対処に加え、欧州各
国がキリスト教の新旧宗派に分かれて争った際(ユグノー戦争、1562
- 98年)には旧教側に立ち、新教側を支持する英国等と戦った(なお、
スペインとオーストリアは1556年に分立した)。また、同世紀にはフラ
ンスとの間でイタリアへの支配権を巡って戦争を繰り返した。これに加
えて旧教徒を保護する立場から国内及び支配地で新教徒を弾圧したため
に経済が混乱し、それが軍事力の低下を招いた。

さらに、支配下にあったネーデルランド(現在のオランダ)が独立
運動を起こし(1588年)、これを鎮圧するために軍隊を投入する必要に
迫られた。このため、スペインの陸上兵力は1550年代の15万人から
1590年代には20万人、1630年代には30万人に達し、その維持費は財
政を圧迫した[3]。結局、スペインはネーデルランドの独立を認めるのを
余儀なくされ、オランダが新たな国家として独立した(1609年)。

他方、英国(南部のイングランド王国)では、ヘンリー8世が即位す
る(1509年)と英国国教会を設立して(1534年)旧教から独立した。
その後、国内の統一を図って税収を増し、国教会の設立に伴って国内の
修道院を解散してその所領を没収し、そうして得た財源を基に陸海軍の
大規模な増強に踏み切った[4]。その後、メアリー1世(前出したスペイ

ン国王フェリペ2世の妃）に代わる（1553年）と、スペインとの結び
つきを強めて旧教徒の弾圧に転じたが、代わってエリザベス1世が即位
（1558年）すると国教会を再興し、オランダのスペインからの独立運
動を支援して軍隊を派遣した。さらに、ドレイク提督らに率いられた英
艦隊は、スペインの海外植民地への襲撃や海上でのスペインの商船から
の略奪を繰り返した。

　こうした動きにスペインは反発し、フェリペ2世は英国の本土を攻撃
するため、海軍（無敵艦隊）を派遣した（1588年）。しかし、無敵艦隊
の艦船は大規模な陸上部隊を運んでいたために機動力が低く、装備した
大砲の数も少なかった。これに対し、英国の艦隊は小型艦を主力とし、
スペイン側よりも性能の高い砲を多数備えており[5]、その結果、無敵艦
隊は大敗した。その後、スペインは無敵艦隊を復興させて英国に対抗し
続けた。しかし、英国の海軍は海賊（前出したドレイク提督を含めて）
を徴用した結果、指揮官の指導力と水兵の戦闘経験がスペインの海軍を
上回り、1600年前後には海上での優位を獲得した[6]。

　こうした海軍の差に加え、スペインは欧州大陸の南端に位置していた
ため、その領土及び勢力圏を維持するには、海軍のみならず陸軍も増強
せざるを得ず、この負担が国力の低下をもたらした。これに対して英国
は、以前フランスの国内に領土を持っていたが、その帰属を巡ってフ
ランスと14世紀から15世紀にかけて戦って敗れ（百年戦争、1337 –
1453年）、カレー（ドーバー海峡に面した港町）を除いて欧州大陸から
撤退しており、本国から海路を隔てた地に陸上部隊を駐留させる必要も
なかった。そして、ユグノー戦争では大陸に出兵したものの、戦闘の
8割以上が海上で行われており[7]、海上での戦闘に集中するのが容易と
なっていた。

オランダ対英国の「海上大国」争い

　オランダはスペインから独立を達成した（前述）後、東インド会社を

設立（1602年）して、ポルトガルが支配していたセイロン島、マラッカ（東南アジア）、モルッカ諸島を奪い、ジャワ島、スマトラ島等、東インド諸島を手中に収めた。また、北米大陸の東岸にニューネーデルランド植民地（中心はニューアムステルダム）を築いた。そして、スペインとの海戦に勝利した（1639年）のに続き、アフリカの南岸にケープ植民地（現在の南アフリカ共和国の領域）を築くなど、海上での支配権を強化していった[8]。

一方、英国も東インド会社を設立（1600年）して東洋に進出を図ったものの、モルッカ諸島のアンボイナ島で英国人がオランダ人に虐殺される（アンボイナ事件、1623年）等、オランダ側の築いた強固な支配権に阻まれ、勢力圏の拡大先をインドへと転じることとなった。英国は同時に、北米大陸へも勢力圏の拡大に乗り出し、この地域でも先行するオランダとの対立を招いた。これを契機として英国とオランダは大西洋から北米大陸に至る海上の支配権を巡り、三度にわたる戦い（英蘭戦争、1652－54年、1665－67年、1672－74年）に突入した[9]。

英国はクロムウェル（1643年に国王のチャールズ1世を処刑した後に共和制の指導者となった）及びチャールズ2世（1660年に即位して王制が復活した）の治世にも、強固な中央政府の下に、海軍が組織として統一され、大型の軍艦を多数備えていた[10]。一方のオランダは国家を構成する各共和国が緩やかに結合する連邦制を採っており、海軍にも組織だった秩序はなく、小型の軍艦を中心とする「武装した商船隊」というのが実態であった[11]。そして、最初の戦いで、英国はオランダから、公海上の優位を獲得した（ウエストミンスター条約、1654年）。

この後、オランダは自国の軍事面での弱点を補おうと、フランスと同盟を結んで（1662年）二度目の戦争に臨んだ。しかし、フランスの海軍は創設されて日も浅く、オランダの海軍を十分に支援するのが困難であり、英国が海戦の優位を保ち続けた。これに対してオランダは形成の逆転を図って艦隊を英国のテムズ川（首都のロンドンを流れる）に侵入

させて停泊中の英軍艦に大打撃を与えた（1667 年）ものの、フランス軍が南ネーデルランド（現在のベルギー及びルクセンブルク）に侵攻してきたため（ネーデルランド侵略戦争、1667 － 68 年）、それに対処する上で英国と協力する必要から講和し、北米大陸でもニューアムステルダムを英国に譲渡した（この結果、ニューヨークと改称された）。

　その後、英国はフランスと結んだ上で三度目の戦いに臨んだ（1670 年）。オランダはフランスの陸軍による全土への侵入を受けたが、海軍を増強して英軍がオランダに上陸・侵攻するのを防いだ。こうした中で、英国では「フランスがオランダを手中に収めれば、英国は経済力でフランスに圧倒される」として戦争に反対する声が議会を中心に高まったため、オランダから賠償金のみを得る形で講和を結んだ[12]。さらには、オランダの総督であるウィレムを国王として迎え（ウィリアム 3 世）、オランダと同君連合を結んだ（1689 － 1702 年）。

　こうした戦争では海上に加えてオランダの国内が戦場となったため、オランダは海陸の二正面作戦を余儀なくされた結果、軍事費が膨張した。わけても、1678 － 1713 年にかけてのフランスとの戦争で、陸軍への支出が増大したことは、海軍力の維持に大きな影響を与えた[13]。さらにそれを増税で充当しようとしたため、物価や賃金の上昇を招き、それが国力の低下につながるという悪循環に陥った[14]。これに対して英国は海上での戦争に集中し得た結果、戦争による負担がオランダに比べて低い水準にとどまった。これに加えて、ウィリアム 3 世はオランダの艦隊を英国の指揮下に置き、軍艦の保有率も英国の 6 割に抑える策を採った[15]。

　この結果、オランダは 18 世紀にも英国（1707 年にイングランド王国とスコットランド王国が合同した）と戦った（1780 － 84 年）ものの、その開戦当初、軍艦を 20 隻しか保有しておらず、艦艇数の大幅な増強に踏み切った（その後の 25 年間で 95 隻に達した）。しかし、英国の保有する軍艦は既に 200 隻余りに上っており、劣勢を挽回できずに敗れ

た。また、以上のような戦争の中で、オランダはインド方面での英国の
優位を認め、セイロン島、コーチン（インドの南端地域）等を英国に割
譲していった（1796年）。

フランス対英国の「海上大国」争い

　フランスではルイ14世が即位（1643年）すると、コルベール（大蔵
大臣）が中心となって海軍の強化に乗り出した。その結果、1661年に
30隻にとどまっていた軍艦の数は、1666年に70隻、1671年には196
隻と増加の一途を辿り、1683年には一層大きな砲を備えた艦の数が107
隻に達していた。また、同時に北米大陸では、カナダ、ニューファンド
ランド、ノバスコシア、ルイジアナ、中南米では西インド諸島を勢力圏
に収めた。さらには東インド会社を再建し（1664年）、17世紀末にイン
ド洋東岸のポンディシェリー及びシャンデルナゴルを獲得した。コル
ベールの狙いは、フランスの国際貿易力を支えるために大規模な海軍を
建設することにあった[16]。

　その一方で、ルイ14世はルーヴォワ（陸軍大臣）及びティレンヌ（将
軍）に命じて、当時としては最大規模となる20万人の陸軍を創設し、
欧州大陸での勢力圏の拡大に乗り出した。これに英国やオランダ等他の
欧州各国は、「勢力均衡（各国が持つ国力の割合を大きく変更せずに安
定した国家間の秩序を保つ方式）を乱す」として反発し、フランスとの
戦争を繰り返した(1672−78年のオランダ侵略戦争、1688−97年のファ
ルツ侵略戦争、1701−14年のスペイン継承戦争等)。

　こうした戦争の際、フランスは、英国やオランダに対抗するのに十分
な同盟国を得られず、欧州大陸での戦闘に備えて陸軍の増強に比重を置
くこととなった。その結果、海軍に充当する分の予算を削減したために、
海上での戦闘では劣勢に置かれ、フランスの海軍力は衰退していった。
1756年の時点で、英国が130隻余りの軍艦を保有していたのに対し、
フランスの持つ軍艦は45隻にとどまり、それを武装するための資材に

も事欠く有様となっていた。さらにフランスは、数少ない軍艦を温存しようと出撃を控えたため、戦闘での被害が一層拡大するという悪循環に陥った[17]。

　この結果、フランスは支配領域を海上から防衛するのも困難となり、植民地を獲得するための英国との戦争でも劣勢に置かれた。すなわち、ウィリアム王戦争（1689 – 97 年）では英国領のニューファンドランドを占領したものの、アン女王戦争（1701 – 14 年）で同地域に加えてアカディア及びハドソン湾付近を譲り、ジョージ王戦争（1744 – 48 年）では英領植民地軍に占領されたルイ・ブール要塞（カナダのノバスコシア島に築いていた）を取り戻したものの、フレンチ・インディアン戦争（1754 – 63 年、欧州での七年戦争と同時期に行われた）では、カナダ、ルイジアナ等を譲り、フランスは北米大陸の植民地を全て失った。また、インドでは、プラッシーの戦い（1757 年）に敗れ、同地域での英国の優位を承認した。

　英国は欧州大陸よりも海外植民地での戦争を重視し、軍事力を優先して投入した。これに対して、フランスは欧州での戦争に兵力の中心を割かざるを得ず、植民地への十分な援軍を送るのが困難となっていた。フレンチ・インディアン戦争を見ると、英国が上陸部隊を載せた艦隊をカナダのケベック地方に派遣した際、フランスの植民地政府は本国に援軍を求めた。しかし、フランスの本国政府は、「英軍が増援部隊の派遣を中止する可能性もあり、またフランスが兵力を増強すれば英軍は増援を一層強化することが考えられる」として支援部隊を派遣しなかった。そのため、モントリオール（カナダでのフランス植民地の中心都市）は陥落し（1760 年）、これが北米大陸におけるフランスの支配を終結させることとなった[18]。

　こうして、英国は、太平洋、大西洋、インド洋を支配する、初の本格的な「海上大国」となった。その一方で、英国が北米大陸に築いた植民地は、フランスの撤退によってその脅威から解放されたことも手伝い、

英国から自立する機運を高めていった。これに対して英国（当時の国王はジョージ3世）はフランスとの度重なる戦争で財政が悪化したことに対処するため、植民地への課税を強化した。このことに反発した植民地側は、英国からの独立を求めて戦争に訴えた（1775年）。植民地側は当初劣勢に置かれたものの、フランスがスペインと共に植民地側と同盟し、北米に援軍を派遣して英国を抑えにかかった。

　さらに戦闘の中心が陸上となったため、英国は海軍によって勝利するのに必要な条件が整わず[19]、結果として植民地側が優勢となり、英国からの独立を達成して米国を建てた（1783年）。英国は、この戦争で他国からの支援を得られなかったことに加え、支援を受けた植民地軍に対抗し得るような大規模な援軍を送るのが難しく、ついには植民地側から奪回した地域の支配にまで支障をきたすという事態に陥っていた[20]。

2 ｜ 「陸上大国」の形成と戦争

「陸上大国」復活への試み—ティムール帝国・北元・明と戦争

　14世紀半ば、中央アジア西部のサマルカンド（チャガタイ汗国の重要な都市）で、ティムール（モンゴル系のイスラム教徒出身）は、モンゴル帝国を模した大規模な軍団を結成して、勢力圏の拡大に乗り出した。そして、1360年頃からチャガタイ汗国内の混乱に乗じて支配する領域を広げ、1370年代には同国を事実上支配した。さらに1380年代には、イランの中央部に加え、コーカサス地方のアゼルバイジャン及びグルジア（現在のジョージア）を服属させ（1386年）、イランの西部およびバクダッドを制圧し、イル汗国を支配下に収めた。

　この後、ティムールはキプチャク汗国に遠征して諸都市を略奪しながらモスクワ（モスクワ大公国の首都）まで進軍し（1394年）、インド（当時はサイード朝）に攻め込み、デリー（首都）で略奪と虐殺に及んだ（1398年）。さらには、アンゴラ（現在のトルコの首都アンカラ）でオスマン・

トルコ（前出）と戦って破り（1402年）、北はアラル海の南岸、南はアラビア海、東はトルファン（西域の重要な都市）、西は黒海の東岸を版図に収め、サマルカンドを都とする大帝国を築き上げ、その首長としてスルタンと称した[21]。

ティムールは、歩兵を主力に据えて騎兵を補助として活用するという戦法を用い、大都市を狙って攻略することにより支配地を広げていった。そして、支配地からは税や貢物を徴収し、兵隊を自らの軍隊に編入して動員した。その一方で、征服した地域の支配者及び行政機構に引き続き自治を委ね、帝国の全体を支配するための統治機構を整えることには関心を示さなかった[22]。また、ティムールは服した土地の支配を自らの一族に委ね、彼らは託された地域で軍事力や経済力を蓄えていった。

その結果、ティムールが中国の明（後述）を征服しようと目指した遠征の途上で死去する（1405年）と、その一族の間で後継者を巡る争いが15年余り続き、国内は混乱した。やがて、シャー・ルク（ティムールの四男）がスルタンの座に就き、近隣諸国との関係を改善して国内の安定に努めたものの、彼の死（1500年）により帝国は再び秩序を失って崩壊し、ウズベク人（トルコ系の遊牧民族）にサマルカンドを攻略されて滅亡した。

一方、中国では、元（モンゴル人の建てた王朝）が滅んだ後に明（漢族の建てた王朝）が成立した（1368年）。その洪武帝（初代）は軍を皇帝の直接指揮下に置き、自給自足を原則とする屯田兵を整備して、その基盤を固め、北元（モンゴル高原に逃れた元朝の一族が建てた）を滅ぼした（1388年）。さらに永楽帝（三代目）は満州や朝鮮半島（当時は李王朝）を支配下に置いた上、鄭和（イスラム教徒の宦官）に命じて、艦隊による大規模な遠征を行い、東アジア、インド、ペルシャを経て、東アフリカに至る通商路を開拓した。

その一方、北方では、オイラート部やタタール部（明が討伐した北元の残存勢力）が勢力争いを続けていた[23]。中でもオイラート部（指導者

はマフムード）は、永楽帝が他のモンゴル族を討伐するのに協力して勢いを増したものの、永楽帝がマムフードを殺害したため、いったんは後退した。しかし、永楽帝の死（1424 年）後、再び勢いを盛り返し（指導者はマムフードの子であるエセン汗）、明の正統帝（六代目）が率いた軍隊と戦い、同帝を捕虜とし、北京を脅かした（土木の変、1449 年）。こうして強力となったエセン汗は、支配領域を満州からチャガタイ汗国との境まで最大に広げたものの、部族内から反発されて殺害され（1454年）、オイラート部の勢力は後退した。

　その後、タタール部ではダヤン汗が即位（1487 年）し、オイラート部の領域を西方に追いやった。さらに 16 世紀に入るとアルタン汗（ダヤン汗の孫）はオイラート部を討伐した上、1530 年頃から明の領内に侵攻して北京を包囲し、同国と講和して通商上の利益を獲得した。さらに同時期、日本の海賊（倭寇）が朝鮮及び江南（中国の揚子江以南の地域）の沿海部を襲うようになり、明は、それを防ぐための施設の整備にも迫られた。こうした北虜南倭（北のモンゴル族と南の倭寇による襲来）という事態に、艦隊は防衛の役に立たず、むしろ陸上兵力の増強を迫られた結果[24]、明は国力を低下させていった。また、オイラート部とタタール部も勢力争いを続け、モンゴル高原から中央アジアの一帯は、不安定な情勢となっていった。そして同時期、こうした国々の西方で、勢力圏を広げようとする新たな動きが始まっていた。

「陸上大国」への台頭―ロシアと戦争

　14 世紀末、モスクワ大公国のドミトリー大公は、ドン川（アゾフ海に注ぐ）の上流でキプチャク汗国の軍隊に勝ち（1380 年）、続いて、大公のイワン 3 世はキプチャク汗国からの自立を宣言して国内の基盤を固め（1480 年）、ギリシャ正教会の首長を自認して皇帝（ツアー）と称した。さらにイワン 4 世（雷帝）は全ロシアの皇帝と称し（1547 年）、アストラカン汗国（現在のカスピ海北岸に位置した）及びカザン汗国（現在の

ロシア領内のタタールスタン共和国付近に位置した）を併合した（1552
年、1556年）。それに続いて、コサック（逃亡した農民らが作った武装
組織、指導者はイェルマーク）に命じて、シビル汗国（シベリア中部の
オビ川付近に位置した）を滅ぼした（1598年）。

　また、雷帝は英国と通商協定を結び（1555年）、武器及び弾薬を輸
入して軍隊を強化した[25]上でバルト海の沿岸に侵攻して領地を獲得し
た（リヴォニア戦争、1558 − 83年）。その後、ロマノフ朝が成立した
（1613年、初代皇帝はミハイル・ロマノフ）後も勢力圏の拡大を続け、
西はポーランドと戦ってドニエプル川流域のウクライナ及びキエフを獲
得し（1654 − 67年）、シベリアへの遠征軍は太平洋の沿岸まで達した
（1638年）。その際、遠征軍は中央ユーラシア地域の森林地帯を通過す
ることにより、その地域に住む人々との衝突を避けて勢力圏の拡大を進
めた[26]。

　さらに、17世紀の後半にピョートル1世（大帝）が即位（1689年、
1682 − 89年はイワン5世との共同統治）すると、海軍の創設に踏み切
り（1695年）、半年間で合計1300隻余りの艦隊を作り上げた[27]。その
上で、南方への勢力圏の拡大を目指してオスマン・トルコと交戦する（後
述）と同時に、バルト海への海上の交通路を確保するため、スウェーデ
ン（当時、バルト海の全域及び北部ドイツの一部を領有していた、国王
はカール12世）に戦いを挑んだ（北方戦争、1700 − 21年）。開戦当初、
ロシアはトルコとの戦争の講和に手間取り、兵の動員が遅れたため、ナ
ルヴィ（現在のサンクトペテルブルク付近）の戦いに敗れる（1700年）
など劣勢に置かれた。しかし、大帝は、徴兵制度を導入して（1705年）
西欧諸国に倣った軍事訓練を行い、武器及び軍艦の増産を急ぎ、加えて
バルト海の沿岸に要塞を築くなどして巻き返しを図り勝利した。そし
て、ニスタット条約（1721年）を結んでバルト海の東岸一帯を版図に
収め、近隣の諸国にも影響を及ぼすに至った[28]。

　さらに、エカテリーナ2世の即位（1762年）後、ロシアはトルコと

二度にわたって戦い（1768 − 74 年）、クリミア汗国（黒海のクリミア半島付近に位置したオスマン・トルコの属国）を併合した。これは、ロシアの目指す南下政策（外洋に通ずる港を手中に収めようと領土の拡大を目指す）の表れであった。また、ポーランドで王位を巡る内紛が続くのに乗じ、親ロシアの貴族を買収してエカテリーナ女帝の側近を王位に就けた上で、軍事侵攻して併合しようと企てた。これに対して、プロシア（現在のドイツ北部に位置した、当時の国王はフリードリヒ２世〔大王〕）及びオーストリア（当時の皇帝はマリア・テレジア）は、「東欧地域での勢力均衡が崩壊する」のを避けるため、ロシアを交えた三国でポーランドの領土を三度にわたって分割し（ポーランド分割、1772 年、1793 年、1795 年）、ポーランドという国家は消滅した[29]。さらにロシアは、極東ではベーリング海峡をわたって北米大陸のアラスカも領有するに至った（1821 年）。

　こうして、ロシアはユーラシア大陸の東西にわたって広汎な版図を築き、モンゴル帝国以来の本格的な「陸上大国」となった。その反面、17世紀半ばのポーランドとの戦争（前述）に際して徴税及び徴兵を強化したことから、これに不満を持った農奴（地主に隷属した農民）が多数逃亡して、ステンカラージン（コサックの指導者）の下で反乱を起こし、その範囲はボルガ川の流域からカスピ海を越えてペルシャの沿岸にまで及んだ（ステンカラージンの乱、1670 − 71 年）。

　また、18 世紀に入り、クリミア汗国（前出）との緩衝地帯を築くために、ボルガ川の流域に東欧からの移民を促進しようと農奴制を強化した（1715 年）のに続き、ジュンガル部（中央アジアに勢力圏を築いたモンゴル系の遊牧民族、詳しくは後述）の脅威に備えて南ウラル地方に要塞都市の建設を開始した（1735 年）。こうしたことに農奴及びパシキール人（ウラル地方の先住民族）が不満を募らせ、プガチョフ（コサックの指導者）を中心に反乱を起こすに至った（プガチョフの乱、1773 − 75 年）。

　ロシアはこうした反抗を鎮圧したものの、農奴が国境を越えて逃亡するのを十分に阻止し得ないなど、安全保障の面で脆弱さを抱えていた。しかし、ロシアはさらに、中央アジアへの進出も目指していた。

清・ジュンガル部・ロシア間の戦争

　一方、中国では、明が16世紀に入って衰えると、同国に支配されていた満州族（指導者はヌルハチ）が八旗と呼ばれる軍事組織を整え、朝鮮及び内モンゴル地域に侵攻して支配下に収めたのに続き、明も制圧して中国の全土を版図とする清を建てた（1683年）。清は軍事組織として、皇帝に直属する八旗（満州族で構成し、旗地と呼ばれる土地を所有する）の他に緑営（漢族が構成する）を設置し、のちには漢族より成る八旗も設けるなど、強大な武力によって国内を支配し、対外戦争に当たった。

　同じ頃、モンゴル高原の西部では、オイラート部から派生したジュンガル部（指導者はカラクラ汗）が、ロシアとの間で、「タタール部に攻撃された際に防衛を委ねる」ための同盟を結ぶ方針を採った。しかし、ロシアの国内が混乱した（1598年にルーリック朝が途絶え、1613年にロマノフ朝が成立するまでの間）ことから、オイラート部はロシアから離れたものの、ロシアは混乱を収束するとオイラート部を攻撃して南方に追いやった（1612 – 13年）。この後、オイラート部の一部は、カフカス北部の草原に移り、ロシアの属国となった。

　その後、ジュンガル部は、バートル（カラクラ汗の子、1634年に即位）及びガルダン汗（カラクラ汗の子、1672年に即位）の下で、その騎馬部隊を駆使してバイカル湖、バルハシ湖、崑崙山脈、万里の頂上に囲まれたモンゴル高原及びジュンガル盆地に支配する領域を築き、ロシアとも友好関係を結んだ[30]。

　一方、ロシアは1680年代前後から、アムール川の流域（中国の東北部）に進出して要塞を築くなど勢力圏の拡大を図り、清と武力紛争を繰り返していた。そのような中、ジュンガル部がカラコルム（モンゴル高原の

都市）に攻め込んで東モンゴル族を打倒したことから、清はジュンガル部の勢力圏が拡大するのを防ぐために、ロシアとの争いの終結を目指した。ロシアも清との交易を始めるのを望んでいたことから、清とロシアは、満州での国境を画定する取り決めを結び、紛争を終結させた（ネルチンスク条約、1689年）。

　こうして、清（指導者は康熙帝）は、ジュンガル部を討伐する戦いに踏み切った[31]。これに対して、ガルダン汗はロシアに援軍を送るよう要請したが、ロシアはネルチンスク条約を盾にこれを拒否した。そして清は、ガルダン汗を滅ぼし（1697年）、モンゴル高原の一帯を支配下に収めた。しかし、ジュンガル部はツェワン（ガルダン汗の甥）の下で、ジュンガリア及び東トルキスタン（バルハシ湖の南岸一帯）を支配し続けた。その後、ツェワンが亡くなり（1727年）、後を継いだガルダン・ツェレン（ツェワンの子）は、ガルダン汗時代の復興を試みてモンゴル一帯から清の勢力を一掃しようと武力に訴えた（1730年、1731年）が敗北し、清と講和を結んだ（1739年）。

　その後、ジュンガル部はカザフ地方に侵攻し、中央アジアの深奥部まで支配領域を拡大した。そして、清との講和で支配領域での交易を認められた結果、シルクロード（中央アジアを東西に結ぶ通商路）を利用して大きな利益を獲得した。しかし、ガルダン・ツェレンとそれに続く後継者の死（1745年と1750年）後、アムルサナー（ジュンガル族の一首領）は清に「自分を後継の汗に指名するならば服属する」と申し出た。清（指導者は乾隆帝）は、これを好機と捉えてジュンガル部に出兵した。その時、既にジュンガル部の結束は乱れ、カザフ等近隣の同盟国も離反しており、清はジュンガル部に攻勢をかけて制圧した（1755年）。ジュンガル部はアムルサナーの下でなおも抵抗を続けたが、乾隆帝はジュンガル部を壊滅するよう命令を下し（1756−57年）、清はジュンガル人の半分近くを虐殺した。その他の人々も飢えや病で亡くなり、生き残ったのは女性及び子供を中心に1割に過ぎなかった。アムルサナーもロシアに

救援を求める交渉を進める最中に亡くなり、この結果、ジュンガル部は清の版図に入り、新疆と称されるようになった（1759 年）。

　こうして、清とロシアが中央アジアで支配する領域を分け合うことになった。しかし、清は征服した地域の経営に莫大な税金を投入するのを余儀なくされ、次第に財政を悪化させていった[32]。また、満州族と漢族との衝突を避けるために、旗地での経済活動を禁じたことが、八旗の弱体化を招き、清の安全保障を不安定化させることとなった。

　以上、英国とロシアが、夫々本格的な「海上大国」と「陸上大国」として登場した経緯を概観してきた。次に、この二国が、相互あるいは他国・他地域と、戦争や安全保障政策を通じて、どのように関係し合ったのかを検討してみたい。

3 完成した「海上大国」・「陸上大国」と戦争

中東欧での戦争と英露関係

　オスマン・トルコ（前出）はレパントの海戦（前出）で敗北した後、海軍を再建したものの、17 世紀に入ると、東部の領域（中欧及びバルカン半島）を維持するための軍事費が増大したことから、国力が低下し始めた。こうした中で、同国（皇帝はムスタファ 2 世）は、ロシア（ピョートル 1 世、前出）と戦って[33]敗れ（1686 - 1700 年）、アゾフ地方（黒海の沿岸部に位置する）をロシアに割譲した（イスタンブール条約、1700 年）。

　その後、ロシアがスウェーデンと戦った際（北方戦争、前出）、カール 12 世（スウェーデン国王、前出）がポルタヴァ（ウクライナ地方の都市でオスマン・トルコの領内と近接していた）での戦闘に敗れてトルコ（当時の皇帝はアフメト 3 世）の領内に逃げ込んだことから、ロシアとトルコの関係は再び悪化した。その結果、ロシアはプルート川（現在

のルーマニアから黒海に注ぐ）でトルコと戦ったが敗北し、アゾフ地方
をトルコに返還した（プルート条約、1711年）。この後、カール12世
はトルコと共同してロシアと戦い続けるよう提案したが、トルコ側はロ
シアから土地の返還を実現したことで充足したため、これを拒絶した。

　一方、英国は北方戦争の開始直後、スウェーデンと同盟を結んで戦列
に加わった。当時のスウェーデンは、バルト海を中心とする北欧一帯の
勢力圏を握っており、それを抑えようというのがロシアの狙いにあっ
た。しかし、その後、英国はジョージ1世が即位すると、バルト海への
進出を図ってロシアと同盟し（1715年）、スウェーデンと戦うこととなっ
た。そして、カール12世が戦死して（1718年）戦局がロシアに有利と
なると、海軍をバルト海の沿岸に展開して、今度はロシアが同海域の支
配を独占するのを抑えにかかった[34]。結果として、英国はトルコと歩調
を合わせてロシアの西進を抑え、欧州地域の勢力均衡を保つ役を担った。

　一方、同世紀の半ば、オーストリアでマリア・テレジア（前出）が新
たな皇帝の座に就くと、プロシア（国王は前出したフリードリヒ2世）
は、彼女の帝位に同意する条件としてシレジア地方（現在のポーランド
とチェコとの国境付近）を取得する権利を主張した。これをマリア・テ
レジアが拒否したため、プロシアは同地方に出兵して占拠し、両国は争
いに突入した（オーストリア継承戦争、1740−47年）。フランスがオー
ストリアの勢力を弱めようとプロシアと結んで参戦したため、英国はフ
ランスが中欧に支配権を拡大するのを抑えようと、オーストリア側に
立って参戦した[35]。しかし、英国はフランスとの海外植民地を巡る戦争
（前述したジョージ王戦争）に主力を注ぎ、オーストリアには資金の支
援及び小規模な陸軍の派遣にとどまった。一方、ロシアはプロシアが勢
力を強めるのを抑止しようとオーストリアに味方して出兵し、これが契
機となって、プロシアはマリア・テレジアの帝位を認める一方、オース
トリアはプロシアにシレジア地方を割譲するという形で講和が成立した
（アーヘン条約、1748年）。

　その後、オーストリアはシレジア地方を奪回しようと図り、今度はフランス及びロシアと結んで再びプロシアとの戦いに突入した（七年戦争、1756－63年）。この時、英国（指導者は〔大〕ピット）はプロシアと同盟して参戦したものの、海外での植民地を巡るフランスとの争い（前出したフレンチ・インディアン戦争）に兵力を割いたため、プロシアには資金を援助した他に小規模な援軍を派遣したにとどまった[36]。このため、プロシアは劣勢となり、ロシア軍がベルリン（プロシアの首都）に迫り、英国も「講和に応じなければ資金の援助を打ち切る」とプロシアに圧力をかけた。しかし、ロシアでピョートル３世が帝位に就くと、新帝はフリードリヒ２世を崇拝していたことからプロシアと結んだため、プロシアは勢いを盛り返し、講和によってシレジアの領有を画定した（フベルトゥスベルク条約、1763年）。

　こうした中東欧での戦争に介入した結果、ロシアは欧州地域に勢力を拡大した。他方で英国は、欧州での戦争に積極的な関与を控えたことが各国の不信を呼び、米国の独立戦争（前述）に際しては他の欧州諸国から支援を得られなかった。そこで、英国は戦況の好転を図って植民地側に経済面で打撃を与えようと海上封鎖に踏み切り、中立国の船舶が自由に航行するのを取り締まる措置に出た。これに対してロシア（皇帝は前出したエカテリーナ２世）は、武装中立同盟を結成して軍需物資以外の自由な対米貿易を守り、英国の意図を阻んだ（1780年）。

ウィーン会議前後の戦争と英露関係

　フランスで革命によって王制が倒れる（1789年）と、英国（指導者は〔小〕ピット首相）は革命が欧州各国に波及するのを恐れ、ロシアと同盟を結んで革命への干渉戦争を始めた。やがて、フランスではナポレオンが指導者となり（1804年に皇帝に即位する）、勢力圏の拡大を目指して近隣諸国との戦争を開始した。

　まずナポレオンは、地中海での支配権を握ろうと、英国の艦隊（指揮

官はネルソン提督）とエジプトのアブキール湾で戦ったが敗れ（1788年）、次いで英国の本土に上陸・侵攻する作戦を試みたが、トラファルガー（スペインの南岸沖合）で、同じくネルソンの率いる艦隊に敗北した（1805年）。両海戦とも、英仏は拮抗した数の艦船を揃えて戦いに臨んだ。しかし、英国側が乗員に歴戦の精鋭を揃えていたのに対し、フランス側は徴用された水兵が多く、アブキール湾では食料や水の不足という問題を抱え、トラファルガーでは連合したスペイン艦隊との連携に支障を来したことが、大きな敗因となった[37]。しかし、大陸では、徴兵制度によって大規模な陸軍を組織し、オーストリア、プロシア、ロシアを破って（1805年のアウステルリッツの三帝会戦、1807年のフリートランドの戦い等）軍門に下し、ロシアと同盟を結ぶなどして、英国とトルコを除く欧州各国を支配下に収めた。

　一方、ナポレオンは英国を追い込もうと大陸封鎖令（1806年）を発布して欧州各国に英国との貿易を禁じた。しかし、ロシアはこれによって自国の経済が悪化するのを避けるため、対英貿易を再開した。これに対してナポレオンはロシアに制裁を加えようと、1812年の6月、自ら60万人の兵を率いてロシアへの侵攻に踏み切った。フランス軍は進撃を続けて同年の9月にモスクワ（当時ロシアの中心都市）に入城したものの、ロシア軍（最高指揮官はクトゥーゾフ元帥）による焦土戦術（後退する途中に所在する施設を破壊し、敵の軍隊が軍需物資を入手するのを困難にする）のために食料等が不足し、同年の12月、寒さにも耐え切れず、モスクワからの撤収を開始した。ロシア軍はこれに猛反撃を加え、フランス軍は本国に帰還した兵力が約2万人という大敗を喫した。これを契機に、英国とロシアは再び同盟してライプチヒ（ドイツ南東部の都市）でフランス軍に勝利し（1813年）、ナポレオンを退位に追い込んだ。

　その後、英国（カースルレー外相）とロシア（皇帝はアレクサンドル1世）は、ウィーン会議（1815年）で対ナポレオン戦争の講和を実現

すると、オーストリア及びプロシアを加えて四国同盟を結び（1815 年、後にフランスも加わって五国同盟となる）、ロシアは他に神聖同盟（英国、トルコ、ローマ教皇を除く全欧州各国が参加した）を結成して、欧州の安定を維持するために協力することとなった[38]。その基本方針は、正統主義（フランス革命以前における欧州の状態を守る）にあった。

　しかし、欧州各国（スペイン等）が中南米に有した植民地は、米国の独立（前述）及びフランス革命の影響を受けて、1820 年代に次々と独立を宣言した（メキシコは 1821 年、ブラジルは 1822 年）。神聖同盟は、これを抑圧しようと、メキシコへの出兵を計画したが、米国（モンロー大統領）が、「米国は欧州大陸の問題に介入しないと同時に、欧州諸国が米国大陸に干渉したり植民地を持つことを許さない」との方針を発表し（モンロー宣言、1823 年）、神聖同盟の介入を阻んだ。また、英国（カニング外相）も、中南米諸国を自国の経済市場として期待したことから独立を承認したため、神聖同盟は介入を断念した。この結果、五国同盟の間には対立が顕在化した。

　さらに、ギリシャ（当時はオスマン・トルコの支配下にあった）が独立戦争を始めると（1821 年）、ロシア（皇帝はニコライ 1 世）は、バルカン半島から黒海及び地中海まで勢力圏を拡大しよう（南下政策の実現）と、戦争に介入した[39]。英国はロシアを抑え込もうと、フランスに加えてロシアも取り込んで三ケ国共同の艦隊を地中海に派遣し、トルコの海軍を破った（ナヴァリノの海戦、1827 年）。しかし、その後、ロシアはトルコに戦争を仕掛けて破り、トルコとの講和条約によって、ギリシャがトルコの保護下にある自治国家として独立するのを実現した（アドリアノープル条約、1830 年）。これに対して、英国はロシアに対するギリシャへの影響力を弱めようと働きかけた結果、ギリシャの完全な独立を達成した（ロンドン議定書、1830 年）。しかし、この結果、英国とロシアは再び離反することとなった。

　また、同じ頃、オランダ国内の旧オーストリア領ネーデルランドが独

立戦争を起こし、ベルギーを建国した（1831年）。ロシアは自国内に独立運動が波及するのを恐れてプロシアと共に独立に反対したが、英国（パーマストン外相）は、ベルギーへの経済進出を目論み、オーストリア及びフランスと共に独立を支持した。その一方、ポーランド（ウィーン会議の結果、国家として復活したが、国王はロシア皇帝が兼ねた）も独立を宣言したが、ロシアは同年中に独立運動を鎮圧した。そして、ポーランド王国を廃止してロシアに併合し、自国の勢力圏を確保した。

中近東・アジアでの戦争と英露関係

その後、エジプト（指導者はムハンマド・アリー）がオスマン・トルコと戦争に突入すると（第1次エジプト・トルコ戦争、1831－33年）、ロシアは今度も地中海方面への勢力圏の拡大を狙い、トルコへの支援を口実に、海軍をダーダネルス海峡（黒海とエーゲ海を結ぶ）に出動させた。これに対して、英国はロシアの進出を阻止しようと、フランスと共にトルコに圧力をかけ、シリアをエジプトに割譲させてエジプトと講和させた。しかし、ロシアはトルコ政府が戦争に干渉されたことに不満を持ったことに乗じて、トルコとの間に、ロシア艦隊がダーダネルス海峡を自由に航行するのを可能とする取り決めを密かに結んだ（ウンキャル・スケレッシの密約、1833年）。

しかし、エジプトはシリアを継続して支配する権利を求めてトルコと戦端を開いた（第2次エジプト・トルコ戦争、1839－40年）。これに対して、フランス（ティエール外相）がエジプトへの支配権を強めようと同国を支援したため、英国は、フランスを抑えようと、オーストリア、プロシアに加えて今度はロシアとも結んでエジプトに圧力をかけた。その結果、フランスは孤立してエジプトを支える力を失い、トルコはムハンマド・アリー及びその一族がエジプトを支配し続けるのを承認し、エジプトは戦争で占領した土地を全てトルコに返還することで講和した。さらに、英国はロシア等を誘ってロンドンで会議を開き、英露等五国同

盟がダーダネルス海峡を自由に航行するのを禁止する（トルコが戦争する際に、その同盟国に許可する場合を除く）という取り決めを結んだ（ロンドン海軍協定、1840年）。同時に、ウンキャル・スケレッシの密約も廃棄され、英国は、ロシアによる地中海方面への勢力圏の拡大を抑止した[40]。

　これに対してロシアは、なおも南下政策の実現を図り、トルコ領内のギリシャ正教徒を保護する（前述のとおり、ロシア皇帝はギリシャ正教の保護者を自認していた）という名目でトルコとの戦争に突入した（クリミア戦争、1853 − 56年）。英国（首相はアバディーンとパーマストン）は、ロシアによる勢力圏の拡大を今度も抑えようと、フランス等と同盟してトルコ側に立ち参戦した。ロシア軍は戦術が稚拙であったのに加えて、武器、弾薬等の性能も英国側より劣っていた。また、海軍の軍艦は多くが木造で大砲の威力も乏しく、水兵も十分に訓練が行き届いていなかった。これに加えて、陸軍の装備した歩兵銃は旧式で、英仏軍の備えた小銃に比べて射程距離は５分の１にとどまっていた[41]。英国も、海軍ではロシアより圧倒的に優位であったものの、陸軍の兵力ではロシアに劣り[42]、また他の同盟軍との足並みも揃わずに苦戦を強いられた。結局、英露双方とも軍隊の消耗が激しく戦争を継続することが困難となったため、両国は黒海の中立化を取り決めて講和した（パリ条約、1856年）。これによって、ロシアは南下政策をまたも封じられることとなった。

　その後、トルコが領内でスラブ系の諸民族（セルビア人、ブルガリア人等、ロシア人と同系統）による独立運動を弾圧し始めると、ロシア（皇帝はアレクサンドル２世）は独立運動への支援を名目にトルコとの戦争に及んだ（露土戦争、1877 − 78年）。そしてロシアは、セルビア、ブルガリア等の独立をトルコに承認させて支配下に置いた他、ダーダネルス海峡の自由な航行及びトルコから土地を獲得した（サン・ステファノ条約、1878年）。分けてもブルガリアは、エーゲ海に面した広大な領土を得て、ロシアの地中海方面への出口と位置付けられた。これに英国

（ディズレーリ首相）はオーストリア等と共に抗議し、再度ベルリン（ド
イツ帝国の首都、ドイツ帝国はプロシアを中心として 1871 年に成立し
た）で会議を持った結果、ブルガリアからエーゲ海沿いの領土を削減し、
ロシアがトルコから獲得した領地も縮小するなどする取り決めを再度結
び（ベルリン条約、1878 年）、ロシアの勢力圏拡大をまたも阻止した。

　この後、ロシアは南下政策の矛先を中央アジアに転じ、ボハラ汗国（現
在のウズベキスタン付近）、ヒヴァ汗国（現在のキルギス付近）、コー
カンド汗国（現在のタジキスタン付近）を制圧し（1868 年、1873 年、
1876 年）、清の新疆内にも支配地を広げた（イリ条約、1881 年）。さら
にアフガニスタンの国境近くまで侵入し、同地域からアフガニスタンの
軍隊を一掃した（1884 － 85 年）。これに先立つ同地域でのロシアによ
る勢力圏の拡大は、1830 年から 1880 年の間に、約２千キロにも及んで
いた [43]。英国はこれを抑えようと、インドのムガール帝国を倒してイン
ド帝国（元首は英国のビクトリア女王）と改め、自らの版図に収めた
（1877 年）。また、アフガニスタンと二度にわたって争い（1838 － 42 年、
1878 － 81 年）、苦戦の末にこれを保護国とした。しかし、ロシアの陸
軍が正規部隊で百万人、予備兵力で３百万人を備えていたのに対し、英
国の陸軍はインド帝国と合わせて 22 万人にとどまり、不足分の増強に
苦慮することとなった [44]。一方のロシアも、最新の兵器を国外からの輸
入に頼るなど、財政に大きな負担を抱えていた [45]。

　一方、英国は清との阿片戦争（1840 － 42 年）及びアロー号事件（1867
年）の結果、清国の領内に香港等の支配地を広げた（1842 年の南京条約、
1858 年の天津条約）。英国の艦隊が最新の武装を備えているのに対し、
清は国力の低下に伴って軍隊も弱体化しており、成す術もなく敗れた。
この時、ロシアは天津条約を仲介し、その代償として満州の黒竜江以北
の地を支配地に収めた（アイグン条約、1858 年）。英国とロシアは、協
調して清に勢力圏を広げていく形となった。

　同じ頃の欧州では、ドイツ帝国（前出）がウィルヘルム２世の即位（1888

年）後、バルカン半島への勢力圏の拡大に乗り出し、これにロシアは警戒を強めていった。また、ドイツは海軍の増強を進めた結果、英国に対する脅威ともなっていった[46]。

小結

　近世 − 19 世紀の国際政治において、英国は初の本格的な「海上大国」（太平洋、大西洋、インド洋等の外洋を勢力圏下に置く）として、ロシアはモンゴル帝国に続く本格的な「陸上大国」（ユーラシア大陸を極東、中央アジア、東欧まで勢力圏下に置く）として成立した。そして両国は、勢力圏のさらなる拡大を図って（英国はユーラシア大陸等への植民地の拡大、ロシアは外洋への支配領域の拡大）対峙し、互いを抑制しようと戦争を繰り返し（北方戦争、ギリシャの独立戦争、クリミア戦争、英国の対アフガニスタン戦争、等）、また自らは直接参戦せずに他国・他地域間の戦争に介入した（米国の独立戦争におけるロシアの対米支援、エジプト・トルコ戦争及び露土戦争の講和に対する英国の干渉、等）。

　その一方で、両国は、他国・他地域間での戦争が国際政治を不安定化させる懸念のある場合及び両国に利益をもたらすような場合には、共同であるいは個別に介入して事態を収拾し、安定化を図った（オーストリア継承戦争及び七年戦争における勢力均衡の維持、英露同盟による対ナポレオン戦争、阿片戦争及びアロー号事件におけるロシアの調停、等）。義井博は、ウィーン会議後の欧州における「勢力均衡」に基づく安定維持の枠組みについて、「『海の王者』イギリスと『陸の王者』ロシアはヨーロッパ大陸を東西からコントロールしうる位置にあって、無言のうちにその能力を発揮していた感があり、いわゆる『ヨーロッパ協調』Concert of Europe と呼ばれる平和は（英露）両国の合意を前提として成り立っていたと考えられる」[47]と述べているが、この分析は、より広い時空を超えて当てはまるのではないかと考えられる。

　しかし、このような勢力圏を拡大・維持するための戦争及び安全保障

政策は、英露両国にとって大きな負担となり、国力の低下をもたらした（それは、「海上大国」及び「陸上大国」の座を目指したスペインや明も同様であった）。そして、そのことは、英露両国の国際政治における指導者としての地位を脅かす要因となっていった。

注

1　レパントの海戦については、岩根圀和『物語スペインの歴史—海洋帝国の黄金時代』中央公論社、2002 年を参照。

2　Paul Kennedy, *The Rise and Fall of the Great Powers: Economic Change and Military Conflict from 1500- to 2000*, Randam House, New York, 1987, p45 − 46.

3　アザー・カット著、石津朋之他監訳『文明と戦争（下）』中央公論新社、2012 年、175 頁。

4　Kennedy ,ibid., p61.

5　石島春夫『スペイン無敵艦隊』原書房、1981 年を参照。

6　J・ブラック著、内藤嘉昭訳『海軍の世界史』福村出版、2014 年、53 − 56 頁。

7　David Rose, *ElizabethI:The Golden Reign of Gloriana*, London, The National Archives, 2003, p61.

8　A・マハン著、北村謙一訳『海上権力史論』原書房、2008 年、130 − 131 頁。

9　英蘭戦争については、桜田三津夫『物語オランダの歴史』中央公論新社、2017 年を参照。

10　前掲書『海上権力史論』138 頁。

11　同上、135 頁。

12　友清理士『イギリス現代史（下）』研究社、2004 年、158 − 177 頁。

13　前掲書『海軍の世界史』76 − 77 頁。

14　Robert Gilpin, *War and Change in World Politics*, Cambridge University Press, New York, 1981, p167 − 168.

15　小林幸雄『図説イングランド海軍の歴史』原書房、2007 年を参照。

16　前掲書『海上権力史論』101 頁。

17　同上、105 頁。

18　同上、222 − 223 頁。

19　前掲書『海軍の世界史』138 頁。

20　米国の独立戦争については、Jeremy Black, *War for America: The Fight for*

Independence, 1775-1783, Palgrave, Macmillan, 2001. を参照。

21　ティムール帝国については、川口琢治『ティムール帝国』講談社、2004 年を参照。

22　Beatrice Forbes Manz, *The Rise and Rule of Tamerlane*, Cambridge, Cambridge University Press, 1989, p12 － 16.

23　オイラート部及びタタール部については、岡田英弘『モンゴル帝国の興亡』筑摩書房、2001 年を参照。

24　Kennedy, ibid., p7.

25　川又一英『イワン雷帝―ロシアという謎』新潮社、1999 年、186 頁。

26　Fred W. Bergholz, *The Partition of the Steppe: Russians, Manchus, and the Zunghar Mongols for Empire in Central Asia, 1619-1758*, New York, Peter Young, p27.

27　土井恒之『ピョートル大帝とその時代　サンクト・ペテルブルク誕生』中央公論新社、1992 年、50 頁。

28　ロシアによる戦争については、土井『ロシア・ロマノフ王朝の大地』講談社、2016 年を参照。

29　大野真弓『世界の歴史 8　絶対君主と人民』中央公論社、1975 年を参照。

30　Peter C. Perdue, China Marches West: *The Qing Conquest of Central Eurasia*, Cambridge, Cambridge University Press, 2005, p108 － 109.

31　清とジュンガル部との戦争については、宮脇淳子『最後の遊牧帝国　ジューンガル部の興亡』講談社、1995 年を参照。

32　J. A. Millward, *Eurasian Crossroads: A History of Xinyang* , New York, Columbia University Press. 2007, p103, 116.

33　オスマン・トルコによる戦争は、永田雄三編『世界各国史 9 西アジア史Ⅱイラン・トルコ』を参照。

34　前掲書『海上権力史論』89 頁。なお、北方戦争については、武田龍夫『物語スウェーデン史―バルト海を彩った国王、女王たち』新評論、2003 年を参照。

35　オーストリア継承戦争については、四出井剛正『戦争史概観』岩波書店、1943 年を参照。

36　七年戦争については、有坂純「フリードリヒ大王の七年戦争」『歴史群像』2004 年 4 月号を参照。

37　アブキール湾の海戦については、R・フォアマン著、山本史郎訳『ナイルの海戦―ナポレオンとネルソン』原書房、2000 年、トラファルガーの海戦については、J・テレン著、石島春夫訳『トラファルガル海戦』原書房、2004 年を参照。

38　実際に秩序を維持する主導権を握ったのは、四国（五国）同盟であった。なお、ウィーン会議後の欧州における大国の関係については、Henry A. Kissinger, *A*

World Restored, Boston, Houghton Mifflin, 1957. 高坂正堯『古典外交の成熟と崩壊』中央公論社、1978 年を参照。

39　ギリシャの独立戦争については、N・スボロノス著、西村六郎訳『近代ギリシャ史』白水社、1988 年を参照。

40　エジプト・トルコ戦争については、A. J, P. Taylor, *Struggle for Mastery in Europe, 1848-1918*, Oxford, Oxford University Press, 1980. を参照。

41　Kennedy , ibid., p173. なお、クリミア戦争については、菅野翼「クリミア戦争」、田所昌幸編『ロイヤル・ネイヴィーとパクス・ブリタニカ』有斐閣、2006 年、47 - 82 頁を参照。

42　君塚直隆『パクス・ブリタニカのイギリス外交─パーマストンと会議外交の時代』有斐閣、2006 年、186 頁。

43　ロシアの中央アジアに対する戦争は、岩間徹編『世界各国史4　ロシア史』山川出版社、1979 年を参照。

44　Aaron L. Friedberg, *The Weary Titan: Britain and the Experience of Relative Decline, 1895-1905*, Princeton, Princeton University Press, 1988, p220.

45　和田春樹他編『世界歴史体系 ロシア史2』山川出版社、1994 年、243 頁。

46　Friedberg, ibid., p153 - 154.

47　義井『国際関係史（5訂版）』南窓社、1979 年、42 - 43 頁。

第 3 章
「海上大国」・
「陸上大国」による支配
―20 世紀の戦争

1 │「海上大国」・「陸上大国」の不安定化と戦争

20 世紀初頭の戦争と英米露関係

　20 世紀を迎える直前の清では、欧米諸国や日本が植民地を分け合う状態が続いていたが、同国の国民がこれに反発し、武力を以て蜂起した（義和団事件、1899 – 1901 年）。清（最高実力者は西太后）はこれを外国勢力の排除に利用しようとしたが、英国（当時の海上大国）とロシア（当時の陸上大国）は他国と共同して軍隊を派遣し、義和団を鎮圧した[1]。

　義和団が鎮圧された後、ロシアは引き続き満州に軍隊を置いて占領し続け、英国が抗議しても応じず、駐留兵力を増強させた。ロシアは義和団事件を契機に、極東での南下政策（太平洋等外洋への進出を目指しての勢力圏拡大）を狙っていた。英国は、この動きを封じようと、日本（英国と同様に、ロシアの南下政策を懸念していた）と同盟を結んだ（日英同盟、1902 年）。1901 年の時点で、極東における英国対ロシア及びフランス両国間における海軍力の比率は、戦艦では 4 対 6、一級装甲艦では 3 対 8 と英国が劣勢に置かれており、英国は日本と同盟することによって、「ロシアと戦争になった場合、日本と合わせた海軍力で対抗し得る」

と計算していた[2]。

　同時期の英国は、南アフリカの最南端で、トランスヴァール共和国及びオレンジ自由国（いずれも、17世紀頃に同地に入植したオランダ人の子孫〔ボーア人〕が建国した）と戦い、自らの勢力圏に取り込んだ（ボーア戦争、1899 － 1902年）。その際、英国は45万人の兵を動員して2万人を超える戦死者を出し、投入した戦費も2億2千万ポンドを超えていた。また、焦土戦術を採って現地の住民に大きな被害を与えたため、世界各国から批判を浴びていた[3]。こうして英国は国力を大きく低下させたことから、自力のみでロシアの南下政策を抑えるのが困難となっていた。

　その後、ロシアは日本との戦争に突入した（日露戦争、1904 － 05年）。ロシアは大規模な戦力を投入したものの、現地の指揮官の間で意思の疎通が混乱したことから、陸海軍とも敗北を重ねた[4]。こうした劣勢を挽回しようと、ロシア海軍のバルチック艦隊が拠点とするバルト海から極東に向けて出発した。しかし、主力艦が大型のためにスエズ運河を経てインド洋に出ることができず、南アフリカの喜望峰を回らざるを得なかった[5]等の悪条件が重なったため、長期間の航海を経た乗組員は疲弊し、日本の連合艦隊に敗れた（日本海海戦、1905年）。

　この間、ロシアの国内では、戦局の劣勢に国民の不満が増大し、経済も停滞したことからペトログラード（当時の首都、現在のサンクトペテルブルク）で民衆が反乱に及び（ロシア第一革命、1905年）、戦いを継続するのが困難となっていた。こうして、ロシアは米国（T・ルーズヴェルト大統領）による仲介の下で日本との講和に臨んだ。その際、ロシアは、日本軍の受けた損害が大きい一方で自らは陸戦に敗れて撤退した陸軍の兵力が残っていたことから、「講和の決裂した際には再戦も辞さない」という強気の姿勢で臨み、日本への賠償金を支払わなかった（ポーツマス講和条約、1905年）。しかし、ロシアは同条約で朝鮮半島の支配権及び満州における租借地を日本に譲ることとなり、英国が狙ったとお

り、極東での南下政策を阻まれた。

　一方、同時期の欧州では、ドイツ（皇帝はウィルヘルム２世）が前世紀の末から英国と海軍の増強を競い始めていた。さらには、アフリカの北部等欧州外部への勢力圏の拡大に乗り出した。こうした中で英国はドイツへの警戒を強め、地中海及び極東から９隻の戦艦を本国に移して防衛を固めた。また、ロシアが日露戦争に敗れたことから南アジアに勢力圏拡大の矛先を転ずるのを抑えようと図った。これに対して、ロシアも敗戦及びそれに起因する国内の混乱を収拾する必要上英国との関係の改善に乗り出し、両国は同盟を結んだ（英露協商、1907 年）。これによって、ロシアは、英国がアフガニスタン及びペルシャ湾で優越した権利を持つのを認めた。

　その後、同時期のオーストリア（ドイツと同盟関係にあった）が隣接するセルビア（ロシアのスラブ人と同一系統に属するセルビア人の国）と支配領域を巡って対立し、ドイツがオーストリアを支持した結果、ロシアもドイツと対立する構図に取り込まれることとなった[6]。こうして、英国とロシアは、20 世紀初頭の欧州でドイツを挟み撃ちにする関係となった。一方、同時期の米国は、義和団の鎮圧に加担し日露戦争の講和を仲介する（前述）など、国際政治の場で勢力圏及び発言力を拡大しつつあった。

第１次世界大戦と英米露関係

　1914 年６月 28 日、オーストリアの皇太子夫妻がボスニアの首都サラエボを訪問中、セルビア人の青年に暗殺された（サラエボ事件）。これを契機に、オーストリアは同年７月 28 日にセルビアと戦争に突入し、ロシアはセルビアを支援して全軍に総動員（戦闘態勢を整える措置）を下令した。これに対してドイツは、７月 31 日にロシアに総動員の中止を求めたが、ロシアが応じなかったため、同年８月１日、ロシアに宣戦を布告した。こうした中、英国は、ドイツがフランス及びベルギー（1830

年に独立を達成した後、永世中立国となっていた）に軍事侵攻したことに国内世論が反発したため、8月4日、ドイツに宣戦布告した[7]。こうして、英国とロシアは、ドイツを抑える形で共に戦争へと突入した（第1次世界大戦）。

そして同年8月、英国は欧州大陸に15万人の陸軍部隊を派遣し、フランスの陸軍部隊と共にドイツ軍の進撃を食い止めた。しかし、戦闘で大きな打撃を受け、戦線は膠着状態となった。海軍は、1916年5月、デンマークのユトランド沖でドイツ艦隊に大打撃を与えた（ユトランド沖海戦）ものの、自らも14隻の艦船を失った。一方、ロシアは同時期、陸軍をプロイセンに侵攻させたが、タンネンベルクでドイツ軍に大敗し、逆にロシア領ポーランドへの侵攻を許すなど苦戦を強いられた[8]。

さらに同年10月、オスマン・トルコ帝国がドイツ側に立って参戦すると、英国からロシアに軍需物資を供給する経路が閉ざされることとなった。このため、英国は、ロシアが戦線から離脱するのを恐れ、ボスポラス・ダーダネルス海峡地域の占領を目指した。そして、ロシアとの間で「ロシアが戦争終結後に同海域を支配し、英国が同海域での自由航行権を得る」と合意した上でガリポリ（ダーダネルス海峡の北側に位置する都市）を攻略した（1915年2月）ものの、多大な死傷者を出して失敗に終わった。その後、英軍はペルシャに有する油田を守るためにメソポタミアに侵攻した（1916年春）が、オスマン軍に大敗した。一方、同じ年ロシア軍もペルシャに侵攻したものの、同地に駐留していたオスマン軍に撃退されていた。

こうして、戦争が長期化するうち、その様相は従来の限定戦争（戦力及び期間を最小限に抑える）から総力戦（国力の全てを投入する）へと変質していった。交戦国はいずれも兵力・武器・食料等に不足をきたし、その補充に過剰な負担を強いられた。英国は自らの植民地から食料・石油のみならず兵力を調達し、中でもインドからは150万人の兵士及び軍属に加え、1億5千万ポンドの戦費を頼った[9]。さらに戦費を調達する

ため、3億5千万ポンド分の戦時公債を発行したものの、高い発行額を設定したために目標の3分の1しか販売がかなわず、残余分を中央銀行によって買い支えた上、米国からの巨額の借り入れで不足分を充当するのを余儀なくされた[10]。

また、ロシアは開戦直後、軍隊の遠征に要する物資を3ケ月分しか備えておらず、その輸送も鉄道網が戦争で寸断されたために遅滞した。そして、1916年には兵隊の損失を補おうと予備役の動員を強化したため、武器を生産する労働力も大幅に不足した。これを補充しようと中央アジア地域に暮らす諸民族に対する勤労動員に踏み切ったものの、その反発から暴動を招き、モスクワでも労働者による反戦デモが警察と衝突するに至った[11]。最早、英露両国のみでは、ドイツを倒して戦争を終結させるのが困難な状況となっていた。

一方、米国（ウィルソン大統領）は、開戦以来中立を保っていたが、ドイツが戦勝によって西半球への影響力を強めることに警戒を強めていった[12]。そうした中で、ドイツが1917年に無制限潜水艦戦（敵国周辺の水域に侵入する船舶全てを警告なしで攻撃する）に踏み切ると、米国はドイツに宣戦布告し（1917年4月）、大規模な陸軍を欧州に派遣した。当時、米国のGNP（国民総生産）は英国を上回って世界全体のGNP総額中の33パーセントを占めており[13]、米国の参戦によって、英露側はドイツより優位に立った。

しかし、それに先立ってロシアでは、首都ペトログラードで工場の労働者と兵士による大規模な反政府運動が勃発した（2月革命）。これに対抗して成立した臨時政府は対独戦を継続したものの、皇帝ニコライ2世は退位に追い込まれ、ロマノフ家による帝政は崩壊した。その後、ボルシェビキ党（指導者はレーニン、後に共産党と改称する）が臨時政府を倒して政権を握る（10月革命、歴上初の社会主義国家の成立）と、ドイツとの講和に踏み切り、東欧の広大な支配地を割譲して戦線を離脱した（ブレスト＝リトウスク条約、1918年3月）。

　その後、1918年の3月から8月にかけて、英米側は欧州の西部で、ドイツによる大規模な反撃（最高指揮に当たった陸軍参謀次長の名をとってルーデンドルフ攻勢と呼ばれる）を迎え撃った。米軍がこの戦いに百万人の兵力を投入し、同年9月には攻勢に転ずると、ドイツの国内では長期の戦争による厭戦感と経済の疲弊から、反政府勢力による革命が広がった。独帝ウィルヘルム2世は退位してオランダに亡命し、同年11月に休戦協定が結ばれた結果、英米側が勝利する形で戦争は終結した。しかし、戦争の結果、英国は軍事・経済両面で大きく消耗し、ロシアは戦争による負担に耐え切れず、国自体が崩壊するに至った。

1920年代の戦争と英米ソ関係

　第1次世界大戦後、英国の植民地内では、インドが大戦中に行った対英協力（前述）の見返りとして独立を求める声が高まっていた。また、英国内でも、アイルランドでは大戦の長期化に反発して内乱が起こり（1916年）、戦後、アイルランド自由国として独立する（1922年）など、支配権が動揺していった。

　一方、これに先立ちソヴィエト・ロシアがドイツと講和して戦線を離脱する（前述）と、英国はドイツ軍が兵力を東部から西部に集中させるのを恐れ、ロシア国内の戦争継続派を支援して東部戦線を再開しようと図り、米国等と共に革命への干渉戦争に踏み切った（シベリア出兵、1918年）。しかし、対独戦を継続中であったため十分な兵力を投入できず、英国自体も対独戦を終えると出兵する目的を失ったため、1920年には兵力を撤退させた[14]。その後も、英国はソヴィエト・ロシアに対し、同国の掲げる社会主義体制が他国に波及することへの懸念から警戒を続けた。

　一方、ソヴィエト・ロシア政府は国内の反政府勢力を鎮圧して内戦に勝利した後、ポーランドと国境の画定を巡る戦争に敗れた（1920 - 21年）ものの、ウクライナ、白ロシア（現在のベラルーシ）、ザカフカー

ス（コーカサス地方の連邦共和国）、中央アジアの共和国と共にソヴィ
エト社会主義共和国連邦（ソ連）を結成した（1922 － 36 年）。さらに、
ドイツと国交を回復し（ラパロ条約、1923 年）、ドイツと共同して軍事
訓練や兵器の開発に乗り出したため、英国はソ連による勢力圏の拡大に
一層警戒の念を強めた[15]。こうした中で、翌 1923 年、フランスがドイ
ツからの戦時賠償金が滞ったことへの制裁としてルール地方（ドイツの
重工業地帯）を占領したのに対し、英国は、ドイツがソ連に一層接近す
るのを避けようと、米国に働きかけてドイツの支払いを当面猶予する措
置を採った。

　その後、ソ連は「英国側から再度の軍事侵攻を受ける」という事態へ
の対抗措置として、世界各国に共産党の樹立を企てた。他方、同時期の
中国では辛亥革命（1912 年）で清朝が倒れた後、北京に置かれた政府
以外にも様々な政治勢力が乱立して混乱が続いていた。そうした中で国
民党（指導者は孫文）が結成され（1919 年）、民主的な統一国家の形成
に向けて動き出すと、ソ連は中国で共産党を組織した（1921 年、指導
者は陳独秀）。その上で、中国に顧問団を派遣して国民党に接近し、国
民党と共産党を提携させて中国に親ソ政権を樹立し、極東における英国
の支配権を弱めようと図った。国民党は、他国から十分な支援を得てい
なかったことからソ連の提案に同意し、ソ連から武器の援助を受けて、
広州（北京政府に奪われていた）を再び手中に収めた。

　その後、1925 年に孫文が死去し、蒋介石が国民党の指導者に就くと、
国民党は北京に向けて軍事進出（北伐）に乗り出し（1926 年）、その過
程で英国の租界地を接収した。これに対して英国は自らの権益を保護す
ると共にソ連の中国への進出を抑えようと、米国や日本と共に国民党軍
に対する軍事行動を提案したものの、日米両国が消極的だったため、実
現しなかった。一方、蒋介石はソ連に赴いて軍隊の編成や軍事訓練を学
んでいたが、共産党の勢力が国民党の内部に浸透することを強く警戒し
ていた。そして、国民党は北伐を始めて間もなく共産党勢力の排除に乗

り出したため、ソ連の顧問団は中国から退去し、国民党と共産党は分裂した[16]。

2 「海上大国」・「陸上大国」の再建と戦争

1930年代の戦争と英米ソ関係

　1929年、世界恐慌の勃発によって、各国は深刻な経済不況に陥った。そうした中で、ドイツ（指導者は総統のヒトラー）は、「恐慌で深刻な打撃を受けた自国経済の再建」を掲げ、ラインラント（第1次世界大戦の結果、非武装地帯とされた）に軍隊を進駐させた（1936年）。これに対して英国（イーデン外相）は、ドイツと新たな合意を結んで国際秩序の安定を図ろうと考え、ドイツに対する制裁措置に踏み切らなかった[17]。これには、ドイツが英国への反発からソ連に接近するのを抑えようという狙いも含まれていた。

　一方、スペイン（1931年に革命で王制が倒れて共和国となった）では、1936年に左派（社会主義寄りの政治を志向する）を中心とする政府（人民戦線内閣）が成立すると、同年7月、陸軍（中心人物はフランコ将軍）が反乱に及んだ（スペイン内戦、1936 - 39年）。英国は、これを契機に社会主義勢力が欧州に浸透するのを警戒し、内戦への不介入政策を採った。しかし、その一方で、スペイン政府が外貨を準備するために用意していた5億ドル相当の金を武器調達のために換金しようとしたのに対し、「左派の政府よりフランコが勝利する方が英国の利益にかなう」として、これに応じなかった。他方のソ連（指導者はスターリン）は、「スペイン政府を支援する」として軍事顧問団を派遣したが、同時に人民戦線内部の反ソ勢力を逮捕・処刑してスペインへの支配の強化を図った。さらには、共和国政府の保有する金（前述）を、「フランコ側に渡るのを阻止する」としてソ連に移送させ、取得した。結局、内戦はフランコ側がドイツ等から援軍を得て勝利して終わった。当時のドイツは、

ヒトラーの率いるナチス党が指導するファシズム国家（反社会主義・反
共産主義を掲げる独裁体制）であり、フランコ側が反社会主義の立場に
あったことが、フランコを支援した要因の一つとなっていた[18]。

　その後、ドイツはオーストリアに軍隊を送って併合した（1938年2
月）のに続き、チェコスロバキアのズデーテン地方（同国の北部に位置
し、ドイツ系の住民が多数を占めていた）を手中に収めようと軍事侵攻
を計画した。これに対して、英国（チェンバレン首相）は、「ドイツと
融和して、その対立する矛先をソ連に向けさせる」[19]という狙いから、
ドイツの要求に同意した。しかし、その後、ドイツはチェコスロバキア
を解体して支配下に収め（1939年3月）、これを契機に英国はドイツと
の対立を深めていった。こうした中で、ソ連はチェコスロバキアと相互
防衛条約を結び（1938年）、ドイツからの軍事侵略に備えていたが、ド
イツがチェコスロバキアに続いてソ連にも勢力圏拡大を狙ってくるのを
避けようと、ドイツとの融和政策に乗り出した。

　一方、日本の陸軍（関東軍）は経済の危機を打開するために勢力圏の
拡大を目指し、中国の東北部（満州）で武力行使に及び（満州事変、
1931年）、同地に満州国を建てた。しかし、国際連盟（連盟、第1次世
界大戦後に成立した国際関係での平和を実現するための組織、英国が中
心となっていた）は、満州国を承認せず、日本政府はこれに反発して、
翌1933年に連盟を脱退した（以下、日本と戦争との関係については次
章以降に詳述する）。その後、日本は盧溝橋事件（1937年）を契機に中
国との全面的な戦い（日中戦争）に突入した。この事態にソ連は、中国
政府（蒋介石の率いる国民党の政権）と不可侵条約を締結し（1937年
9月）、戦車・軍事車両等総額1億ドルに上る支援を行った[20]。

第2次世界大戦の勃発と英米ソ関係

　1939年8月23日、ソ連はドイツとの安全保障に関する取り決め（独
ソ不可侵条約）に調印した。この条約には付属の議定書が付けられ、そ

こには、ソ連がフィンランド、エストニア、ラトビアを勢力圏に収める
他、ドイツとの間でポーランドを分割することが決められていた。そし
て同年9月1日、ドイツ軍はポーランドに侵攻し、電撃戦（戦車を攻撃
の主力とし、空挺部隊と航空戦力の支援を受けて、速やかに勝利を収め
る戦術）によって同国の西部を占領した（第2次世界大戦）。これに続
いて同月17日、ソ連軍もポーランドの東部に出兵して支配下に収めた。
その際、ソ連軍は捕虜とした1万人以上のポーランド軍将校を虐殺（死
体の発見された森の名をとってカチン事件と呼ばれる）していた[21]。

　その上でソ連はドイツと新たな協定を結び、ドイツにポーランドの支
配領域を拡大する代わりにリトアニアをソ連の勢力圏下とした。そし
て、同年11月、ソ連は上記したエストニア、ラトビア及びリトアニア（バ
ルト三国）を併合した。さらに同年末にフィンランドを攻撃したものの、
同国の兵がスキーを巧みに操って迎え撃つのに苦戦し、翌1940年3月
にフィンランドから領土を割譲させて講和した。

　一方、ドイツは、1940年の4月、再度の電撃戦によってデンマーク、
ノルウェー、オランダ、ルクセンブルクを占領し、さらにはフランスも
屈服させ、同国の大半を支配下に置き、ヴィシー（フランス中南部の都
市）に傀儡政権（首班は第1次世界大戦で英雄となったペタン元帥）を
樹立した。こうした中で英国（首相はチェンバレンからチャーチルに代
わる）は、欧州大陸に軍隊を派遣して応戦したが、ベルギーの東部でド
イツ軍に包囲され、ダンケルク（ベルギーとの国境付近に位置するフラ
ンスの港町）からの撤退を余儀なくされた[22]。

　こうしてドイツは西欧の大部分を支配したのに加え、中・東欧をソ連
と分割し、英国のみが欧州でドイツと戦う形となった。そこで、ドイツ
は英国に大規模な空襲を仕掛け、屈服させようと図った（バトル・オ
ブ・ブリテン、1940年7‐10月）。しかし、ドイツ空軍の戦闘機は航
続距離が短いために爆撃機を十分に護衛できず、加えて英空軍の頑強な
反撃に会い、失敗に終わった[23]。その後、英国はベルリン等ドイツの主

要都市への空襲を開始した。また、米国も、武器貸与法を制定して（1940年3月）、英国やソ連等に軍需物資を支援するなど、ドイツと対抗する姿勢を示した。その一環として、米国は同年9月、旧式の駆逐艦50隻を英国に譲渡していた。

　一方、ドイツは、ソ連が東欧に勢力圏を拡大するのを抑えようと、対ソ戦の準備に着手した。これに対してソ連は、ドイツとの融和姿勢を示そうと、日本（当時、ドイツと同盟していた）と中立条約を結んだ（1941年4月）。しかし、これにドイツは関心を示さず、対ソ戦の準備を進めた。

　他方、アジアでは、米国が日本による勢力圏の拡大を抑えようと、武器貸与法（前出）によって中国を支援した。しかし、日本はこれによって態度を硬化させ、ドイツが対英米戦に勝利する可能性を頼りに、対米開戦を決定した。

第2次世界大戦の終結と英米ソ関係

　1941年6月22日、ドイツはソ連に侵攻した（独ソ戦）。ドイツ軍は3百万人の兵と3千台以上の戦車を揃えて事実上の総力戦態勢で臨み、同年の9月までにソ連の首都モスクワを攻め落としてソ連を屈服させる作戦を立てていた。これに対してソ連側は不意を衝かれたことに加え、1930年代の後半にスターリンが軍の幹部を大量に粛清した（対独戦に先立って、軍の幹部に自らへの忠誠を求めるのが狙いだった）ために、軍の組織に混乱を来していた。さらには、戦車・武器等の近代化が遅れていたことも手伝い、緒戦で大きく後退したが、その後は強引な徴兵によって死傷した兵を補充し、抗戦を続けた。そして、ドイツ軍は同年11月、モスクワまで20キロ余りの地点に進んだものの、ソ連軍に行く手を阻まれ、冬の厳しい寒さも加わり（ドイツ軍は夏服しか備えていなかった）、ソ連を降伏させることに失敗した[24]。その後、ドイツ軍は敗北を重ね、ソ連軍は西進を続けた。

　一方、英国は、独ソ戦が始まると、ソ連を支援して対独戦を続ける方

針を採った。まず、中近東のイラン（英ソ両国に対抗するため、ドイツ
が中近東に進出するのを望んでいた）をソ連への軍需物資を供給する経
路として確保するため、ソ連と共同して出兵し（1941年8月）、イラン
を対独戦に参加させた。続いて米国等と連合軍を結成し、翌1944年6
月6日、連合軍の大部隊は北フランスのノルマンディーに上陸した後に
フランスの首都パリを解放し（同年8月25日）、ドイツへと東進を続け
た。こうして、英米両国とソ連は、ドイツを挟み撃ちにする形となった。
英米空軍はドイツの主要な都市及び軍事工場に大規模な爆撃を加え、武
器・兵器の生産に壊滅的な打撃を与えた[25]。また、海戦でも当初はドイ
ツの潜水艦が英米の艦船を多数撃沈する等優位に立っていたが、英米側
が航空機による哨戒を強化すると、形勢は逆転した[26]。

　これに対して、ドイツはソ連に敗北する前に英米側と有利な条件で講
和しようと戦局の打開を図り、アントワープ（ベルギーの港町）を目指
して反撃に出た（最高指揮官を務めた元帥の名をとってルントシュテッ
ト攻勢と呼ばれるが、実際には総統ヒトラー自身が指導していた。1944
年12月-1945年1月）ものの、戦車等を動かすための燃料の不足及び
英米軍の頑強な抵抗によって敗れた[27]。このような中、1944年の7月
にポーランドでは西進するソ連軍が迫ると、対独抵抗組織がドイツ軍に
大規模な攻撃を首都で開始した（ワルシャワ蜂起）。しかし、ソ連は抵
抗組織が親ソ勢力でなかったことを嫌い、退却するドイツ軍が抵抗組織
を壊滅させるのを放置した[28]。そして同年4月末、ソ連軍はドイツの首
都ベルリンに突入し、激戦の末、同年5月初めに制圧した。その戦闘中
にヒトラーは自殺し、ドイツは同年5月9日に降伏した。

　一方、日本は1941年12月、対英米開戦に踏み切り、第2次世界大戦
がアジア太平洋地域にも拡大した。これに対して英米両国は、英国がフィ
リピン以外の東南アジアを、米国がフィリピン及び太平洋地域を、夫々
戦場として分担した上で戦争に臨んだ。しかし、英国は、開戦直後に海
軍の主力艦を戦闘で失い（1941年12月10日）、翌1942年1月にはシ

ンガポール（英国の植民地）を占領されるなど、英国の勢力圏は動揺を
来していた。その後、日本軍によるインパール（インド東北部の都市）
への攻撃を退けたものの、総力戦で勝利するために求められる大規模な
陸軍兵力を、英本国自体で動員するのは厳しかった。従来の限定戦争で
英国が得意とした、海戦によって相手国を屈服させるという戦略は、最
早採り難くなっていた。

　他方の米国は、1942年6月にミッドウェー沖の海戦に勝利すると、
日本への反撃を開始した。当時の米国は、1945年時点でGNPが世界全
体の50パーセントに達しており[29]、欧州方面と同様に大規模な陸海軍
戦力を投入して日本軍の拠点を次々と攻略し、日本の本土へと迫ってい
た。また、ソ連は、1945年2月、クリミア半島のヤルタで英米両国と
話し合いに臨み（ヤルタ会談）、日本との中立条約（前出）を破棄して
対日参戦に踏み切るという密約を交わしていた。

　この後、米軍が広島と長崎に原子爆弾を投下して大打撃を与え（1945
年8月6日及び9日）、続いてソ連軍が満州国や朝鮮等に侵攻すると、
日本は抵抗を断念して降伏し（1945年8月15日）、第2次世界大戦は
終結した。

　結局、英国は勝利したものの、戦争の代償として国家資産の4分の1
を消耗し、戦後にはアジア及びアフリカの植民地が次々と独立するな
ど、国際政治での発言力及び勢力圏が縮小していった。他方、米国は、
圧倒的な戦力によって勝利した結果、英国に代わって「海上大国」の座
に就いた。また、ソ連は戦争で人口の1割余りの1千4百万人を失った
ものの、日露戦争や帝政ロシアの崩壊で失った領域を回復し、「陸上大
国」の座を取り戻した。次に、この二国が、相互あるいは他地域と、戦
争や安全保障政策を通じて、どのように関係し合ったのかを検討してみ
たい。

3 新しい「海上大国」・「陸上大国」と戦争

第2次世界大戦後の戦争と米ソ対立

　第2次世界大戦後、米国とソ連は、国際連合（国連、国際連盟に代わって設立された平和維持組織）の5大国（安全保障理事会〔安保理〕の常任理事国）に加わり、指導する役割を担った。そうした中、アフリカのコンゴ（現在のザイール、以前はベルギーの植民地）は1960年の6月に独立を果たしたものの、翌7月から国内で部族間の衝突が始まり、これに同国軍による反乱が続き、さらに同月10日には、同国内のカタンガ州（豊富な鉱物資源の産出地）が分離・独立を宣言するに至った（コンゴ動乱）。

　こうした中で、国連はコンゴの平和を維持しようと国連軍を派遣した。これに対して、ソ連（フルシチョフ首相）は、同日、「米国等西側諸国がコンゴの独立を阻止するために軍事侵略したので、コンゴ政府が独立を達成するために支援する」と発言した。その後、コンゴ政府の内部で、カサブブ大統領とルムンバ首相とが対立すると、ソ連はルムンバを支援して兵員輸送用の航空機及び車輌を提供した上、秘密警察の人員を派遣し、さらなる支援として軍隊を派遣することをほのめかした。

　こうした動きに対して、米国（アイゼンハワー大統領）は、「ソ連がコンゴに軍事介入するのを阻止する」と応じ、国連も、同年8月8日、「外国の勢力がコンゴに介入すると、アフリカは自らと関係ない対立・抗争に巻き込まれる」との声明を発表し、米国と歩調を合わせる形でソ連を批判した。さらに国連は、ルムンバからの「国連軍をコンゴ政府の支配下に置き、カタンガ州を併合するために使用したい」との申し出を拒んだ[30]。国連の5大国中、米ソ以外は英国、フランス、中国（当時は中華民国〔台湾〕）といずれも米国と同盟関係にあり、米国は国連の方針を決める際、多数決の上でソ連より優位な立場にあった。

　結局、この後、ルムンバは反政府勢力に殺害され、同年9月16日に

モブツ将軍が大統領の座に就くと、ソ連大使館の全職員を国外に追放し、ソ連がコンゴを自らの勢力圏に取り込もうとした目論見は挫折した（その後、カタンガ州も1962年にコンゴ政府の支配下に復帰した）。このように、米ソ両国は、全世界を舞台に勢力圏の拡大を競う「冷戦」を続けていた。

　一方、第2次世界大戦後の中近東では、パレスチナ（英国の委任統治領）に、米英両国の後押しによってイスラエル（ユダヤ人の国）が成立した（1948年5月）。これに対し、イスラエルの建国によってパレスチナを追われたアラブ系の住民（パレスチナ難民）及び近隣のアラブ系諸国（エジプト等）は激しく反発し、度々戦争を繰り返した（中東戦争）。この間、米国はイスラエルの、ソ連はアラブ系諸国の夫々支援に回り、武器等軍需物資の提供を続けた。

　そして、1973年10月に始まった戦い（第4次中東戦争）では、エジプトが米ソ両国（米国はニクソン大統領、ソ連はブレジネフ共産党書記長）に、事態を収拾するために軍隊を派遣するよう要請した。これに対し、米国は、派兵によって戦争が一層拡大する事態を招くことを懸念して拒否したが、ソ連はエジプトからの要請を受け入れると共に、「自らが単独でも軍隊を派遣する」と米国に通告した。これを受けて米国政府は、ソ連軍を抑えようと、全世界に展開する米軍の部隊に警戒態勢を敷き、米ソ両国間には軍事衝突の危険が高まった[31]。その後、国連による調停で戦闘が収束し、米ソ間の緊張状態も解かれたが、両国はその後も、中近東での勢力圏の拡大を目指して対峙し続けた。

　その後、1970年代のアフガニスタンでは、共産党の指導する親ソ政府に対して国民が抵抗運動を続けており、そこには近隣のアラブ系諸国から20万人近くの義勇兵も加わっていた。ほぼ同時期、隣国のイランでは、イスラム教原理主義者が王制（パーレビ国王の率いる親米政権）を打倒していた（イスラム革命、1978 − 79年）。ソ連政府は、アフガニスタンをインド洋に進出するための拠点と位置付けており、これがイ

スラム革命を推進する勢力に奪われるのを阻止するため、1979 年の 12
月末、約 17 万 5 千人の兵力をアフガニスタンに投入して親ソ政府のテ
コ入れを企てた。しかし、ソ連軍は従来、国家間での正規軍同士の戦闘
を想定して訓練していたため、アフガニスタンでは反政府組織及びこれ
を支援する義勇兵から成る非正規軍との戦いに苦戦を強いられた。ソ連
政府は、こうした事態を打開しようと、アフガニスタンに駐留するソ連
軍部隊を 3 倍に増やそうと企てたが、兵員を輸送するための車輛・航空
機及び資金が不足したために実現しなかった[32]。

　一方の米国は、イランの親米政権が失われた後にソ連が中近東に勢力
圏を拡大するのを防ごうと企てた。そのため、ソ連軍がアフガニスタン
に侵攻する以前から、同国の反政府組織及び義勇兵に、武器の提供や戦
闘の訓練を行うなどして支援していた。結果として、アフガニスタンの
親ソ政権は倒れ、ソ連は 1989 年に同国から撤退するのを余儀なくされ
た。こうしてソ連は、インド洋及び中近東への影響力を大きく損なうこ
ととなった。

第 2 次世界大戦後の戦争と米ソ中関係

　第 2 次世界大戦後の中国大陸では、共産党（指導者は毛沢東）と国民
党政府（指導者は蒋介石）との間で、支配権を巡る戦いが始まった（国
共内戦）。この戦いで、米国は共産党の掲げる政策への警戒から、国民
党に武器・資金等を提供していた。他方のソ連は、国民党政府からの「中
国東北部の資源を採掘するための権利を譲渡する」との申し入れもあり
（国民党はソ連が共産党の支援に回るのを阻もうとした）、また、「共産
党が優勢になると米国が中国に介入する度合いを深める」との懸念も抱
き、共産党への支援を控えていた[33]。

　結局、共産党が内戦に勝利して北京を首都とする中華人民共和国（以
下、中国とも略す）を建てた。その後、ソ連は中国と同盟を結んだ（中
ソ同盟条約、1950 年）ものの、新疆での資源の採掘権を握るなどして、

「中国を自らの勢力圏内に位置付ける」という方針を鮮明に示した。一方、国民党は台湾に逃れて中華民国（以下、台湾と略す）を継続した。そして米国は、台湾と同盟を結んで（米華相互防衛条約、1954年）中国と対峙した。

　他方、朝鮮（第2次世界大戦の終了まで日本が併合していた）では、北半分にソ連軍が進出して朝鮮民主主義人民共和国（以下、北朝鮮と略す、金日成首相）、南半分に米軍が進出して大韓民国（以下、韓国と略す、李承晩大統領）が、夫々独立した。その後、米国政府（アチソン国務長官）は、1950年1月の記者会見で、「米国はアジアにおいて、アリューシャン列島、日本、沖縄諸島、フィリピンを防衛圏に置く」と発言した[34]。北朝鮮は、この発言から、「韓国を武力で併合しても米国は動かない」と判断し、ソ連からの同意を得て、同年5月30日、韓国に軍事侵攻を開始した（朝鮮戦争）。

　これに対して米国（トルーマン大統領）は、国連で韓国の救援を強く訴え、国連軍（最高司令官は米国のマッカーサー元帥）を編成して韓国の救援に当たった。北朝鮮軍は、一時釜山まで韓国軍を追い込んだものの、国連軍が仁川に上陸して北朝鮮軍を背後から追い上げ、北朝鮮と中国との国境にまで迫った。しかし、中国はこれを自国への脅威と捉え、人民解放軍（中国共産党の率いる軍隊）による大規模な介入に踏み切り、国連軍は再び南に押し戻された。その後、戦況は一進一退を繰り返し、1953年に北朝鮮と韓国が当時の戦線を挟んで休戦するに至った。続いて米国は韓国と同盟を結び（米韓相互防衛条約、1953年）、ソ連も北朝鮮と同様の条約を結んで（ソ朝相互援助条約、1961年）、両大国は朝鮮半島で勢力圏を二分して対峙することとなった。

　この戦争において、ソ連は北朝鮮に武器を提供するのみで、軍隊を送っての共同攻撃には踏み切らなかった。その結果、中国が人民解放軍を送って北朝鮮と共に戦った負担は大きく、中国の軍事力を大きく消耗させた。加えて、国連が中国の介入を大きく批判したことから、中国の

国際関係における立場は悪化し、中国はソ連との関係に依存する度合い
を高めることとなった[35]。

　その後、1958年、中国は台湾海峡に面した基地に戦闘機を配備し、
米国との関係が緊張した。一方の米国は、同年7月に中近東のイラクで
起こった革命に対処するために、近隣のヨルダン及びレバノンに軍隊を
派遣していた。これに対して中国は、「米国による侵略を阻止しよう」
との声明を発表し、米国との対立を一層深めていた。しかし、この事態
にソ連（フルシチョフ首相）は、米国等と首脳会談を開いて中東の危機
を解決することを優先し、フルシチョフが自ら北京に赴いて毛沢東との
会談に臨み、中国の台湾への軍事行動を抑えようと試みた[36]。結局、中
国がソ連の説得に応じず、台湾の金門・馬祖島への攻撃に踏み切ったた
め、ソ連と中国との関係は悪化し、翌1959年6月、ソ連は、中国との
軍事協定（1957年に締結された）を破棄した。その後、ソ連と中国と
の関係は好転せず、両国は1969年、中国の東北部で国境線を巡って軍
事衝突するに至った。

　一方、東南アジアのベトナムは、第2次世界大戦後にフランスから独
立を達成した後、北側のベトナム民主共和国（北ベトナム、ホーチミン
大統領）と、南側のベトナム共和国（南ベトナム、ゴジンジェム大統領）
に二分して対立する状況となった。その後、ソ連は、北ベトナムに軍事
顧問団を派遣する等支援に乗り出していた。他方の米国は、南ベトナム
を東南アジア方面での支配拠点とする方針から、同国への支援に乗り出
した。しかし、ゴ大統領の独裁政治に反発する勢力が南ベトナム解放民
族戦線（ベトコン）を結成して政権の打倒に乗り出す最中、ゴ大統領も
軍部の反乱で暗殺され、後を継いだ政権も安定せず、南ベトナムは混乱
した。

　この事態に米国政府（ケネディ大統領）は、「北ベトナムによってベ
トナムが統一された場合、東南アジア全体がソ連の勢力圏下に落ちる」
という深刻な懸念を抱いた。そうした中で、米国の軍艦が北ベトナムの

警備艇に攻撃された（トンキン湾事件、1964年）のを皮切りに、北ベトナムとの本格的な戦争へと突入した（ベトナム戦争）。しかし、米軍は最大で54万人余りの兵力を投入したものの、ベトナムの熱帯雨林地帯で武器や食料の補給が円滑に進まず、前線での戦闘に従事し得た兵の数は全体の3割にとどまり、ベトコンの展開するゲリラ戦にも悩まされた。また、ソ連に加えて中国は、北ベトナムを軍事顧問団の派遣や武器・兵器の提供で支援し続けた。しかし、その際に中国は、ソ連の輸送機が北ベトナムに援助物資を運ぶ途中で中国の空港を使用するのを認めない等、ソ連が北ベトナムに干渉するのを抑える動きに出ていた[37]。

これに対して米国は、北ベトナムへの大規模な空襲（北爆）やベトコンの活動拠点となる密林を除去するために枯葉剤の大量散布等に踏み切ったが、劣勢を挽回するのは難しかった。さらには、米軍の部隊によるベトナム民衆への虐殺（ソンミ村事件）が起こり、米国が軍事介入する理由となったトンキン湾事件（前出）が米軍による捏造であったことが暴露されるなど、米国内外の世論から大きな批判を浴びることとなった[38]。

こうした中、米国政府（ニクソン大統領）は、中国（1971年に台湾と代わって国連に加盟し、安保理の常任理事国に就いた）と国交を回復し（1972年）、中国による北ベトナムへの支援を弱めた上で北ベトナム及びベトコンとの講和を目指したが不調に終わった[39]。その後、米国は1973年、パリで南北ベトナム及びベトコンと和平協定を結んでベトナムから撤兵し、東南アジア方面での支配権を後退させた。

この戦争によって、米国は約250万人の兵を出兵して6万人余りの死者を出し、行方不明者は2千人、負傷者も30万人に上った。また、戦費は約2千4百億ドルに達し、米国の財政に大きな打撃をもたらした。

第2次世界大戦後の戦争と米ソ共存・協調

第2次世帯大戦後、ソ連と米英仏三ケ国は、敗れたドイツの領土及び

首都ベルリンを東西に分割して占領した。その後、米国側とソ連がドイツから賠償を取り立てる案件で対立すると、ソ連は1948年6月、西ベルリンへの石油・石炭・食料等の供給を停止した（ベルリン封鎖）。この事態に米国側はベルリンに生活必需品を航空機によって運んで対抗し（西ベルリン空輸作戦）、西ベルリンの市民も封鎖を持ち堪えた結果、ソ連は、米国側との軍事衝突に発展するのを懸念し、翌1949年の5月にベルリンの封鎖を解除した[40]。この後、米国は西ドイツ（1949年9月に成立）等西欧諸国とNATO（北大西洋条約機構）を結成し、ソ連は東ドイツ（1949年10月に成立）等東欧諸国との間にWTO（ワルシャワ条約機構）を結んで（1955年5月）、欧州での勢力圏を分け合った。

その後、ソ連は1961年の6月、米国側に「東ドイツと平和条約を結ばなければ東西ベルリンの交通を遮断する」と伝えたが、米国がこれに応じなかったため、同年8月17日の深夜、東西ベルリンを隔てる壁を築いた（ベルリン危機）。米国側は、これがソ連との戦争に発展するのを避けようと、壁の建設を阻止しなかったものの、西ベルリンに駐留する兵力を増強してソ連からの圧力に屈しない姿勢を示した。このため、ソ連は壁を築き終わった後、東ドイツに関する自らの要求を撤回した[41]。既に第2次世界大戦の終わる直前から、米ソ両国は核兵器の大量生産・配備を進めていた。その結果、両国は、実戦で核兵器を使用することにより大規模な被害が発生するのを避けようと、互いが直接の武力衝突に及ぶのを回避するようになっていた（核抑止による不戦状態）。

一方、中近東のエジプト（第2次世界大戦前の1922年に英国から独立していたが、英国はその後も、スエズ運河での権益を守るため、軍隊の駐留を続けていた）では、1956年7月、英国軍が駐留を終えた後、当時のナセル大統領がスエズ運河の国有化に踏み切った。これに対して、英国（イーデン首相）は、フランス及びイスラエルと謀ってエジプトへの軍事介入を決断し、同年10月29日、イスラエルがシナイ半島（エジプトとの国境地域）に侵攻したのに続き、翌30日には英仏軍がスエ

ズ地帯に攻撃を開始した（第2次中東戦争、スエズ危機）。これに対して、ソ連（ブルガーニン首相）は、英仏がイスラエルを支援しているのに対抗し、両国に「エジプトへの軍事介入を停止しない場合には核兵器の使用も辞さない」との警告を発した。また、米国（アイゼンハワー大統領）も、ソ連がこの事態を利用して中近東への勢力圏の拡大を図るのを阻止しようと、停戦と英仏イスラエル軍の即時撤退を求めた。結局、英仏イスラエルは3ケ月後に軍事行動を停止し、危機は収束した[42]。その後、1980年にイランとイラクとの間で戦いが始まった（イラン・イラク戦争）時にも、米ソ両国は、イランからイスラム革命（前出）が中近東全体に波及するのを恐れ、共にイラクを支援した。

　また、東欧では、ハンガリーとチェコスロバキアで、ソ連による支配から脱して自由な政治体制を実現しようとする運動が国民の間で高まっていった。しかし、ソ連は、これが自らの勢力圏全体に波及して動揺するのを恐れ、ワルシャワ条約機構の軍隊による両国への侵攻に踏み切り、運動を鎮圧した（1956年のハンガリー動乱、1968年のチェコ事件）。他方の米国は、ハンガリーに対して、同時期に発生したスエズ動乱及び第2次中東戦争（前出）への対応を優先して干渉しなかった。また、チェコに関しては、同時期にソ連との間で核拡散防止条約（核兵器の保有国を制限するのを目的とする）の調印（1968年）やSALT（米ソ両国が保有する戦略核兵器の削減を目指す交渉）の開始（1970年）を控えていたことから、ソ連との関係が悪化するのを望まず、積極的な干渉を控えた[43]。そして、この間、米空軍の偵察機がソ連の国内で撃墜され（U2型機事件、1960年）、米ソ関係はパリで開催を予定していた首脳会談が中止されるなど緊張した。しかし、1962年、ソ連に囚われていたU2型機の飛行士と米国に拘束されていたソ連の諜報員を交換して事態は決着した。

　一方、米国は、中南米の諸国と同盟を結んでいた（全米相互援助条約、1947年）。しかし、その中のキューバでは、革命によって社会主義政権

（指導者はカストロ議長）が成立する（1958年）と、ソ連は同国への経済支援に乗り出し、自らの勢力圏下に置いた。そして1961年の秋、ソ連は同時期のベルリン危機（前出）で米国に譲歩を迫ろうと、キューバに核弾頭を搭載した中距離ミサイルを配備して米国を威嚇する挙に出た（キューバ危機）。これを米国は自国の勢力圏に対する侵害と見なし、同年10月、海空軍によってキューバへの海上封鎖に踏み切った。さらには全世界に展開する米軍の全部隊（核兵器を搭載した爆撃機を含む）に警戒態勢を発令し、ソ連からの要求を拒否する姿勢を示した。ソ連は米国からの反応が予想以上に強硬だったのに動揺し、米国との全面的な戦争に突入するのを避けようと、カストロの反対を押し切って、キューバからのミサイルの撤去に応じた[44]。その後、米国は、キューバのグアンタナモ湾に設けた基地（1901年に租借していた）の返還に応じなかったものの、キューバに対する再度の軍事侵攻を控え続けた。

　また、南米のチリでは、1970年に大統領選挙が行われた結果、社会主義勢力による政権（アジェンデ大統領）が成立した。これに対して米国は、社会主義勢力が他の中南米諸国に拡がるのを抑えようと、チリ軍部（アジェンデ政権に反発する勢力の拠点）の実力者であったピノチェット将軍（陸軍最高司令官）によるクーデター（1973年9月）の支援に踏み切った。その結果、軍部はチリの全土を掌握してアジェンデ政権を倒し、ピノチェットが新たな大統領に就任して親米路線を採用した[45]。この時、ソ連は、ほぼ同時に勃発した第4次中東戦争（前出）への対応に追われ、チリの混乱に干渉する姿勢を示さなかった。

小結

　20世紀の国際政治において、「海上大国」（英国から米国に代わる）及び「陸上大国」（ロシア〔ソ連〕）は、ユーラシア大陸、太平洋、大西洋、インド洋を越えた地球全体で、勢力圏の拡大を巡る戦争を続けた。その際、両大国は、19世紀までと異なり、直接対決するのでなく、他

国を介して戦争を仕掛ける（日英同盟を結んでの日露戦争）、あるいは
他国間の戦争に介入する（朝鮮戦争やベトナム戦争において対立する国
の片方ずつを武器・資金等の提供によって支援する）形を取ることが多
かった。その理由としては、戦争が従来よりも大規模化して（限定戦争
から総力戦への変化）単独で戦うには国力の消耗が増す（第1次・第2
次世界大戦の結果に見られる）こと及び戦争の拡大による回復不能な打
撃（全面核戦争の予想結果に見られる）を回避しようとする戦略が挙げ
られる。

　その一方で、両大国は、他の国が国際政治上不安定な動きを示す（ド
イツ、日本、中国等）際には、それを利用して相手を抑止し（ドイツを
巡る英国とソ連、中国を巡る米国とソ連、スエズ危機時の米ソ対英仏イ
スラエル）、両大国の地位を脅かしかねない場合には、共同してこれを
抑えるため戦争も辞さなかった（第1次世界大戦時の英露対ドイツ、第
2次世界大戦時の英米ソ対日独）。また、双方が確定した勢力圏内部の
武力紛争（ハンガリー動乱、チェコ事件、キューバ危機、チリのクーデ
ター）には国際政治の不安定化を避けるため、介入を極力控えた。米国
によるモンロー宣言（南北米大陸と欧州大陸が相互に不干渉とする、
1823年）とソ連による「ブレジネフ・ドクトリン」（社会主義共同体に
おける全体利益が各社会主義国家の主権に優越する、1968年に当時の
共産党書記長が発表した）は、米ソ双方の勢力圏への相互不干渉を示す
と共に、両大国が自らの勢力圏下にある国に軍事介入するのを正当化す
る根拠ともなった[46]。

　しかし、両大国は勢力圏を維持するための戦費等で大きな負担を抱
え、国力を低下させていった。実際、1980年代において、米国では防
衛費がGNP（国民総生産）の6パーセントを占めていた。その一方で、
ソ連の防衛費はGNPの少なくとも17パーセント（CIA＝米中央情報
局による推計）に及び、R・マクナマラ（米ケネディ政権で国防長官を
務めた）の言葉では、「まさしく経済力と安全保障上の責任のバランス

が崩れた大国の格好の例」とされていた[47]。そしてそれは、「海上大国」
及び「陸上大国」としての立場が不安定化する要因となっていった。

注
1　小田岳夫『義和団事件』新潮社、1969 年を参照。
2　君塚直隆『ベル・エポックの国際政治—エドワード七世と古典外交の時代』中
　央公論新社、2012 年、135 頁。
3　岡倉登志『ボーア戦争』山川出版社、2003 年を参照。
4　戦闘の経緯は、横手慎二『日露戦争史』中央公論新社、2005 年を参照。
5　野村實『日本海海戦の真実』講談社、1999 年、68 - 69 頁。
6　19 世紀末 - 20 世紀初頭の欧州における大国の同盟関係については、Ｊ・ジョ
　ル著、池田清訳『第一次大戦の起源』みすず書房、1987 年を参照。
7　英露等が戦争に介入する経緯は、高坂正堯『古典外交の成熟と崩壊』中央公論
　社、1978 年、309 - 335 頁。
8　戦闘の経緯は、飯倉章『第一次世界大戦史』中央公論新社、2016 年、Ａ・Ｊ・Ｐ・
　テイラー著、倉田稔訳『第一次世界大戦』新評論、1980 年を参照。
9　有賀貞『国際関係史』東京大学出版会、2010 年、243 頁。
10　『朝日新聞』2017 年 8 月 12 日。
11　土肥恒之『ロシア・ロマノフ王朝の大地』講談社、2016 年、311 頁。和田春樹
　他編『世界歴史体系ロシア史 3』山川出版社、1997 年、23 - 24 頁。
12　前掲書『国際関係史』201 頁。
13　Z .Brzezinski, *The Grand Chessboard*, Basic Books, New York, 1997, p4.
14　戦争の経緯は、原暉之『シベリア出兵：革命と干渉 1917 - 22』筑摩書房、
　1989 年を参照。
15　ラパロ条約は、Ｅ・Ｈ・カー著、富永幸生訳『独ソ関係史』サイマル出版会、
　1972 年を参照。
16　中国における共産党、国民党、ソ連の関係は、宇野重昭『中国共産党史序説（上）』
　日本放送出版協会、1973 年を参照。
17　前掲書『国際関係史』325 - 326 頁。
18　スペイン内戦は、Ｐ・プレストン著、宮下嶺夫訳『スペイン内戦—包囲された
　共和国 1936 - 1939』明石書店、2009 年を参照。
19　山口定『現代ヨーロッパ政治史（下）』福村出版、1983 年、474 頁。
20　Sun, Youli, *China and the Origins of the Pacific War, 1931-1941*, Macmilllan,

London, 1993.

21 V・ザラフスキー著、根岸隆夫訳『カチンの森—ポーランド指導階級の抹殺』みすず書房、2010 年を参照。

22 戦闘の経緯は、B・リーチ著、戦史刊行会訳『ドイツ参謀本部』原書房、1979年を参照。

23 飯山幸伸『英独航空戦—バトル・オブ・ブリテンの全貌』光人社、2003 年。

24 戦闘の経緯は、P・カレル著『バルバロッサ作戦』フジ出版社、1971 年を参照。

25 M・J・クレフェルト著、源田孝監訳『エア・パワーの時代』芙蓉書房出版、2014 年、175 − 176 頁。

26 海戦の様子は、B・ピット著、高藤淳訳『大西洋の戦い』タイム社、1979 年を参照。

27 J・トーランド著、常盤新平訳『バルジ大作戦』角川書店、1978 年。

28 有賀貞『現代国際関係史』東京大学出版会、2019 年、44 頁。

29 Brzezinski, op. cit., p210.

30 コンゴ動乱は、L・J・ハレー著、太田博訳『歴史としての冷戦』サイマル出版会、1967 年、295 − 300 頁。

31 第 4 次中東戦争は、香西茂『国連の平和維持活動』有斐閣、1991 年、216 − 222 頁。

32 金成浩『アフガン戦争の真実』日本放送出版協会、2002 年を参照。

33 中島嶺雄『中ソ対立と現代』中央公論社、1978 年、75 − 81 頁。

34 Dean Acheson, "Crisis in Asia—An Examination of U.S. Policy", Department of State Bulletins, Vol.22, p116.

35 前掲書『中ソ対立と現代』132 頁。

36 同上、232 − 234 頁。

37 前掲書『現代国際関係史』179 − 180 頁。

38 戦争の経緯は、松岡完『ベトナム戦争　混乱と誤解の戦略』中央公論新社、2001 年を参照。

39 J・マン著、鈴木主税訳『米中奔流』共同通信社、1999 年、56 頁。

40 ベルリン封鎖は、前掲書『歴史としての冷戦』125 − 130 頁。

41 ベルリン危機は、同上、274 − 281 頁。

42 戦争の経緯は、前掲書『国連の平和維持活動』68 − 74 頁。

43 ハンガリー動乱は、前掲書『歴史としての冷戦』255 − 257 頁、チェコ事件は、『戦車と自由　チェコスロバキア事件資料集（全 2 巻）』みすず書房、1968 年を参照。

44 危機の経緯は、M・ドブス著、布施由紀子訳『核時計零時一分前—キューバ危機 13 日間のカウントダウン』日本放送出版協会、2010 年を参照。

45 クーデターの経緯は、朝日新聞社編『沈黙作戦　チリ・クーデターの内幕』朝

日新聞社、1975年を参照。

46 「モンロー宣言」は第2章、「ブレジネフ・ドクトリン」は、渡邊啓貴編『ヨーロッパ国際関係史』有斐閣、2002年、168頁を夫々参照。

47 R・マクナマラ著、仙名紀訳『冷戦を越えて』早川書房、1990年、102頁。

第4章
「海上大国」・
「陸上大国」の形成と日本
―古代－ 19 世紀の戦争

1 │ 「陸上大国」の変転と日本の戦争

倭国による戦争と東アジアの国際関係

　4世紀から5世紀にかけて、日本（当時、中国の歴史書では倭国と称されていた）は、朝鮮半島への軍事侵攻を繰り返していた[1]。そして、4世紀の後半には、百済（現韓国の西半分に位置する）及び加耶諸国（任那等、朝鮮半島の南端に位置する）を支援して出兵し、高句麗（現北朝鮮とほぼ同一の領域に当たる）及び新羅（現韓国の東半分に位置する）と戦って勝利を収め（369年、372年）、任那への支配権を握った。

　同時期の中国大陸では、漢（匈奴と「陸上大国」の座を争い、朝鮮半島を支配下に置いていた）が滅んだ後、北部は五胡十六国、南部は魏晋南北朝と、小国の乱立が続き、こうした国々は、朝鮮半島への強い影響力を及ぼすのが難しくなっていた。その結果、朝鮮半島の政治状況も不安定なものとなり、倭国はそれに乗じて朝鮮半島に勢力圏の拡大を図っていた。その狙いは、朝鮮半島から鉄等の資源及び進んだ文化（技術者の獲得を含む）を確保しようという点にあった[2]。

　しかし、4世紀末から5世紀の初頭に新羅を攻撃した際、高句麗（指導者は好太王、新羅と同盟を結んでいた）の介入を招いた（396年、

399年、400年）。当時の倭国軍は多くの馬を備えておらず、鎧と太刀で武装した重装歩兵を中心としたのに対し、高句麗軍は訓練を積んだ騎兵を主力としていた。その結果、機動力及び組織力で劣った倭国軍は、一時は帯方郡（現在の平壌付近）まで進出したものの、5万人もの高句麗軍に大敗した[3]。

その後、新羅が北魏（中国の華北に位置した）との関係を深めると、倭国はこれに対抗して宋（中国の華中・華南に位置した）と外交を結び、新羅に軍事介入を繰り返した（440年、444年）。そして、倭王武（雄略天皇とされる）が宋から安東大将軍の位を得て（478年）、加耶への支配権を認められるなど、引き続き国益の維持を図った。この時期、百済・加耶諸国は高句麗・新羅に圧迫され、新羅は遷都を余儀なくされていた（475年）。倭国は朝鮮半島での利権を守るため、軍隊を整備し、日本に渡来した技術者に命じて武器・武具を大量に生産・分配する仕組みを導入した[4]。

その後、朝鮮半島では百済が高句麗及び新羅と対抗するために日本と結ぶ方針を採った。そして、加耶諸国への勢力圏の拡大を狙い、倭国（継体天皇の政権）に、任那から4県を割譲するよう求めた（512年）。これに倭国は、大友金村（大連、継体政権の実力者）が文化交流の促進を条件に応じた（翌513年には、百済から五経博士〔当時の知識人〕が貢上された）ものの、任那のみならず加耶諸国全体を不安定化させた。その結果、加耶諸国は新羅に接近を図ったが、新羅は百済と謀った上で、加耶の南部諸国に侵攻して支配下に収めた（527年）。

これに対して倭国は、奪取された諸国の復興を図って出兵に踏み切った。すると新羅は、筑紫国造の任にあった磐井（九州北部を支配する豪族で、同地域の行政責任者）を賄賂で懐柔した。磐井がこれに応えて倭国軍の輸送船を海上で妨げたため、継体政権は磐井の討伐に乗り出し、1年に及ぶ戦いで磐井を敗死させた（磐井の乱、527－528年）。磐井を鎮圧した後、倭国軍は朝鮮半島に出兵し、新羅に占領された加耶諸国

を復興するために新羅と交渉したが不調に終わり、新羅軍から攻撃されて撤退した。その後、百済（指導者は聖明王）は加耶諸国の復興を目指し、新羅や高句麗との戦いを繰り返した。倭国も新羅を支援しようと出兵した（554年）ものの、聖明王が戦死して成果を挙げずに終わった。そして、任那が新羅に滅ぼされた（562年）ことにより、倭国は朝鮮半島における拠点を失った。

　倭国による朝鮮半島への出兵には、九州地方の豪族が主な役割を担っていた。そのため、出兵で求められる大量の兵員及び軍需物資は、「陸上大国」との大規模な軍事衝突という水準には及ばないにせよ、豪族たちに大きな負担をもたらしていた。結局、「磐井の乱」は、こうした豪族らの倭国政権に対する不満の噴出という面が濃厚であった[5]。さらに、倭国の勢力圏拡大に大きな影響を及ぼす事態が東アジアの国際関係で発生した。

倭国による戦争と対隋・対唐関係

　6世紀末、隋（突厥と「陸上大国」の座を争った）は中国を統一する（581年）と、高句麗への出兵を試みるなど、朝鮮半島に勢力圏を拡大する動きを示した。こうした中、倭国（欽明天皇及び崇峻天皇の政権）は、新羅に対して「任那の調（任那から倭国への貢物）」を出すよう要求し、新羅への遠征軍を編成して北九州に駐留させる（591－595年）などの圧力を行使した。この時は、九州地方の豪族に委ねるのではなく、中央政権自らが2万人余りの部隊を編成していた[6]。

　続いて、6世紀の半ば（推古天皇の政権）には、任那を救援するために新羅に出兵して降伏させ、同国及び任那に朝貢を約束させた（601－602年）。その後、倭国は新羅への出兵を計画する一方、隋には小野妹子や犬上御田鍬を派遣し（遣隋使、607年、614年）、友好関係の維持を図った。隋は、遣隋使が持参した国書に倭国の天皇を「天子」と表記したことに「天子は中国の皇帝にのみ許される称号である」と怒ったもの

の、倭国が高句麗と結んで隋を挟撃するという事態を避ける配慮もあってか、国交を維持した[7]。

しかし、隋は突厥と西域の支配を巡る争いで国力を低下させたのに加え、高句麗への遠征にも敗北して国内からの反発を招いて滅亡し、中国の新たな統一国家として唐（隋に続いて突厥と「陸上大国」の座を争った）が成立した（618年）。唐は建国後、高句麗に出兵し、新羅が高句麗及び百済と対立したのを捉えて従属国とした。さらに百済が新羅への軍事侵攻を繰り返すと、唐は百済を征討する計画に着手した。これに対して、倭国（斉明天皇の政権）は唐と外交を結ぶ（遣唐使の派遣）一方で、百済とも友好関係を継続しており、政権の内部で新羅を征討する計画が持ち上がったものの、新羅と唐の関係を考慮して実現に踏み切ることはなかった（651年）。

そして、唐と新羅の連合軍が百済に侵攻して滅ぼす（660年）と、百済の遺臣は同国の復興を目指し、倭国に支援を求めた。倭国はこれに応じ、唐軍が百済に侵攻した後に高句麗を征討するために転身した隙を突き、朝鮮半島への出兵を決断した。

こうして、倭国軍（斉明天皇は親征した九州で客死し、皇太子の中大兄皇子〔後の天智天皇〕が即位せずに指揮を続けた）は翌661年から三次にわたり、合計約3万7千人の兵力及び170隻余りの船舶を動員して朝鮮半島に上陸した。そして百済軍と協力して一時は新羅軍を破ったものの、唐は新羅を支援するため7千名の兵力と170隻余りの船舶から成る水軍を白村江（百済の南部に注ぐ川）に派遣した。この事態に、百済では政権内部が混乱して援軍の派遣が遅れ、倭国軍は唐軍を上回る1千隻の船舶を投入したものの、4百隻を失うという大敗を喫し、陸上でも、唐軍13万人、新羅軍5万人の前に敗れた（白村江の戦い、663年）。

倭国軍が敗れた要因としては、①国造等地方の豪族が兵を集めたものの、中央政権の将軍が指揮したため、指揮官と兵卒との間で十分な意思の疎通が難しく、②部隊が前方・中央・後方に分かれて並列して並ぶの

みで指揮系統が整備されておらず、③戦法も単純な突撃を試みる以外採り得なかったことに加え、④武器等の装備も唐軍に比べて劣っていたという諸点が指摘されている[8]。そして、この大敗により、百済の復興は潰え、倭国は朝鮮半島を巡る勢力圏拡大政策から撤退した。

その後、倭国は唐や新羅による武力侵略に備えて中国及び九州地方の防衛体制を強化し、畿内に侵攻されるという事態への備えとして都を難波（現在の大阪府）から近江（現在の滋賀県）に移した。その一方で遣唐使を継続し、唐との関係の修復を図った。

その後、唐は突厥等との戦いに主力を注いだ結果、度重なる軍事遠征による支出が財政を圧迫し、国内も混乱した（安史の乱、755 − 763 年）。こうした状況下、大和朝廷（700 年前後から、国号を日本とする）では、唐が朝鮮半島への支配力を低下させたのに乗じて新羅を征討する計画が藤原仲麻呂（政権の実力者で内大臣、後に改名して恵美押勝と称する）を中心に持ち上がった（759 年）。そして、遠征用に 4 百隻の船舶を 3 年間で建造し、4 万 7 千人余りの兵員を動員する準備にかかった。押勝は外国との関係で緊張を煽ることにより、自らの政治権力を強化しようと狙ったと言われる。しかし、安史の乱が収束したことや日本国内での災害への対応に追われたことに加え、押勝と孝謙上皇との対立によって、新羅への征討は 764 年に中止が決定した[9]。

一方、唐では「安史の乱」後も混乱が続き、国力は低下し続けた。このような中で日本は遣唐使を継続したが、10 世紀に入ると、菅原道真による「唐の国内が混乱しているゆえに無用である」との建議に基づき、廃止した（894 年）。その後間もなく唐は滅亡し、小国が乱立する（五代十国）時代を迎えた。遣唐使の廃止は、「陸上大国」の不在によって大陸に生じた混乱が日本に波及するのを防ぐ意図があったとの見解もある[10]。

「元寇」・「倭寇」と対元・対明関係

9世紀から11世紀にかけて、日本は新羅や女真人（中国東北部の沿岸に暮らす）の海賊等による略奪（1019年の「刀伊の入寇」等）を受けた以外、他国の軍隊による侵略から免れていた。

しかし、13世紀に入り、ユーラシア大陸にはモンゴル人による元（初の本格的な「陸上大国」）が成立した（1260年）。そして、元（皇帝はフビライ汗）は日本（政権は鎌倉幕府、指導者は執権の北条時宗）を勢力圏に収めようと図り、国交を求めて使節団を送った（1271年）。これに対して鎌倉幕府は、元からの侵略に備えて警戒するよう配下の武士団に通知する一方、南宋（中国南部に位置した漢民族の王朝）から日本に渡来していた僧侶等から元軍の暴虐な行為を伝えられたこともあり、元からの申し出に回答しなかった[11]。

これに怒ったフビライは、1274年の秋、元及び高麗（朝鮮半島の統一国家、元に服属していた）の兵約3万人及び約8百隻の船舶から成る連合軍によって日本を攻撃した（文永の役）。侵攻軍は対馬及び壱岐を襲って鎌倉幕府の守備隊を全滅させると、九州の博多に上陸し、大宰府（九州北部における幕府の拠点）に攻め込んだ。しかし、幕府側からの反撃（武崎季長らによる）で多大な被害を受け、いったん高麗に撤退する途上で、日本海を通過する低気圧のもたらした暴風雨に巻きこまれて大打撃を受けた[12]。

その後、元は新たな使者を日本に送り、改めて国交を要求した（1275年、1279年）。これに対して鎌倉幕府は使者を処刑し、元への恭順を拒否する姿勢を示した。さらに、元に対する征討計画に着手し、九州・中国・四国地方の武士から動員を図った。しかしこれは、兵及び船舶が不足したのに加え、出撃する拠点となる陣地の造営に多大な人員及び費用を要したため、実現には至らなかった[13]。

一方、フビライは、1281年の初夏、約15万人の兵と約4千5百隻の船から成る元・高麗の連合軍によって再度日本を攻撃した（弘安の役）。

元側は滋賀島を占拠したものの、幕府側からの反撃によって九州本土への上陸を阻まれ、博多湾に停泊する最中、台風に直撃された。元側の船舶は老朽化していたのに加えて、兵員・武器等を過剰に積載していたことから大多数が沈没し、目的を果たさないまま撤退を余儀なくされた[14]。フビライは、その後も日本への侵攻を計画したものの、弘安の役で海軍力に大打撃を受けたのに加え、他の支配地域（ベトナム等）での反乱に対処するのに追われたため、フビライ自身の死（1294 年）によって侵攻計画は中止となった[15]。

　結局、鎌倉幕府は敵失と気象にも助けられて元からの侵略を免れた。しかし、他国からの使者を処刑したのは国際関係の儀礼に背くものであり、これによって元との関係は一層悪化した。また、「文永の役」で元側が撤退を決めた背景には、「日本を征服するために必要な援軍を派遣するには、海上のみの輸送では難しい」という部隊指揮官の判断があったとされている（第 1 章を参照）。こうした点に照らして、元との通商等交流に応ずることで、対日侵攻を回避できた可能性は否定し得なかった。これに加え、侵攻が終わった後に土地等の戦果が得られなかったため、功績のあった武士への十分な恩賞がかなわず、幕府への不満を高めることとなった。実際、幕府は弘安の役後、再び元への征討を企てたものの、武士達の困窮により実現がかなわなかった[16]。さらには、鎌倉幕府自体も武士団の弱体化によって統治力が低下し、滅亡するに至った（1333 年）。

　その後、日本では、室町幕府（足利家出身の将軍を中心とする新たな政権）及びこれが擁する京都の朝廷（北朝）と、吉野（奈良県の南部）の朝廷（南朝）が対立する時代を迎えた（1336 - 92 年）。その同時期、日本の海賊が中国及び朝鮮半島の沿岸部を襲って略奪を繰り返していた（倭寇）。この対応に明（元に代わって漢民族が新たな「陸上大国」を目指して中国に建てた統一国家、当時の指導者は太祖の朱元璋）は苦慮し、南朝が九州に築いた拠点（指導者は懐良親王）に倭寇の討伐を求め

た（1369年）。しかし、懐良親王は明側の姿勢が「日本の対応次第では
軍事手段に訴える」という高圧的なものであったのに反発し、「明軍が
日本に侵攻すれば迎え撃つ」と明の要求を拒んだ。朱元璋は激怒したも
のの、元による対日侵攻が失敗していたことから日本への征討を思いと
どまったと言われる[17]。

　その翌年、明は再度使節を送って倭寇の討伐を要求した結果、懐良親
王は態度を軟化させ、明に従属する姿勢に転じた（室町幕府に対抗する
ために支援を得ようとの狙いがあったとも言われる）。しかし、間もな
く幕府（指導者は三代将軍の足利義満）が九州で南朝の勢力を駆逐する
と、義満は明との交易を望んでいたことから明の要請を容れて倭寇を鎮
圧した。

　日本は元寇の時期と異なり、倭寇への対応を通じて「陸上大国」との
関係の改善を図っていた。

2 「海上大国」の進出と日本の戦争

織豊政権期の国内統一戦争と「海上大国」

　15－16世紀にかけて、室町幕府の統治力が低下すると、日本は、有
力な武士（守護、大名等）が国内各地を支配して乱立する状態（戦国時
代）を迎えた。

　一方、16世紀に入ると、スペイン（英国と「海上大国」の座を争った）
はフィリピンを制圧してマニラを根拠地とする（1565年、1571年）等、
アジア太平洋地域への勢力圏の拡大に乗り出した。その際、キリスト教
旧教の修道会（ポルトガル系のイエズス会等、スペインとポルトガルは
1580－1640年の間、スペイン国王を元首とする同君連合を形成してい
た）も、これに歩調を合わせていた。

　この頃、マニラのスペイン総督は「明に対して貿易を要求する目的で
軍事出兵を行う」よう度々本国に上申しており、1583年に出された上

申書では、「8千人の兵士と 10 − 12 隻の船があれば明を征服するのは
容易である」と書き送っていた[18]。また、イエズス会に属する宣教師の
バリニャーノは初めて日本を巡察した後の 1582 年、スペイン総督に宛
てた書簡で、「日本を軍事力で制圧するのは非常に困難だが、明を征服
するために日本を利用する価値はある」と伝えていた。さらに、同じ
イエズス会のカブラル（元同会日本布教長）も、布教長を退任した後
の 1584 年、スペイン国王に宛てた書簡で、「明を征服するために、日本
人のキリスト教徒を 2千 − 3千人派遣するのは容易である」と記してい
た[19]。そして、宣教師たちは、日本を対明攻撃の拠点化する方針に沿っ
て、日本の民衆のみならず諸大名のキリスト教への入信（キリシタン大
名化）を進めていった。

　こうした中、織田信長（室町幕府に代わって国内の統一を目指した）
の政権は、対立する仏教勢力（一向宗等）を牽制する目論見から、イエ
ズス会が布教活動を進めるのを容認した。実際、信長は西山本願寺（一
向宗総本山）を攻撃した（1580 年）際、キリシタンの兵士（仏教勢力
から迫害をうけたために敵意を抱いていた）を動員したと伝えられてい
る。また、これに先立ち、荒木村重（播磨〔現在の兵庫県〕を治めたキ
リシタン大名）が離反した際、信長はイエズス会宣教師のオルガンティー
ノに、村重の家臣である高山右近（後のキリシタン大名）を投降させる
よう命じていた。その際、信長は、「投降が実現すれば自由にキリスト
教会を建ててよいが、不首尾の場合には宣教師全員を磔に処し、キリシ
タンも皆殺しにする」と恫喝したとされる[20]。

　その後、信長が倒れた（本能寺の変、1582 年）後、豊臣秀吉（信長
の重臣で、日本の国内統一を完成した）は日本を統一する一環として九
州を制圧した（1587 年）。そして、これに先立ち、イエズス会日本準管
区長のコエリョは、1586 年に秀吉と接見し、「九州に出陣した際には、
同地のキリシタン大名が全て秀吉の味方につくよう尽力する」と述べ
た[21]。既にイエズス会は、九州内部での大名間による戦争に介入し、マ

ニラのスペイン総督を通じてキリシタン大名の側に武器・食料を支援し、その見返りに布教を拡大していた[22]。

　こうしたことから秀吉は、キリスト教勢力（及びその背後にあるスペイン）への警戒心を募らせ、バテレン追放令（1587年）を発布してキリスト教の拡大を抑える措置に出た。これにコエリョは、日本への派兵をマニラ総督に要請する他、密かに武器を集める等、対抗措置を試みた。しかし、その上司に当たるバリニャーノ（前出）が「こうした策動は日本でのイエズス会を破滅させる」と反発し、反抗計画を抑えた[23]。

　その一方で、秀吉は、「宣教師を追放することでスペインやポルトガルの貿易船が来航しなくなる」という事態を避けようと、バテレン追放令の発布後も、厳密な布教の取り締まりには乗り出さなかった[24]。しかし、その後、スペインの貿易船が日本に漂着し、その乗組員が尋問を受けた際、「スペインが宣教師を先兵として送り込んで侵略の足掛かりとすることにより、広大な植民地を獲得した」という旨を述べた（サン・フェリペ号事件、1596年）。秀吉はこれに激怒し、バテレン追放令を再び公布した。またこの時期、秀吉は度々マニラ総督に書簡を送り、「日本がフィリピンに侵攻する用意がある」旨を伝えており、1597年には、「スペインが日本への布教を止め、貿易の目的のみで来航するならば安全を保障する」と強い警告を発した。この事態にスペイン側は、「日本がフィリピンを攻撃すれば、我が国の東洋における支配権が崩壊する」という強い懸念から、日本への強硬な手段に踏み切らなかった[25]。

　このように、織豊政権は、知略を尽くして「海上大国」と渡り合いつつ、国内を統一するための戦争を進めていった。

豊臣秀吉の朝鮮出兵と国際関係

　秀吉は日本の統一を達成した（1590年）同じ年、朝鮮（李氏を国王とした）からの使者と会見し、明を征服するための協力を求めた。しかし、当時の朝鮮は明の支配下にあったためにこれを拒否し、秀吉は明に

先立って朝鮮を服属させようと軍事侵攻[26]に踏み切った（文禄の役、1592 – 96年）。

　日本軍は、加藤清正（秀吉古参の猛将）や小西行長（堺出身のキリシタン大名）らが、15万人の兵を率い、1592年4月に朝鮮半島に上陸すると翌5月には首都の漢城を陥落させ、続いて平壌を制圧すると、同年7月には、会寧（現北朝鮮東岸の豆満江沿いの町）や義州（現北朝鮮の鴨緑江沿いの町）に達し、明との国境に迫った。しかし、同時期、明軍（指揮官は将軍の李舜臣ら）が20万人の兵力を動員して朝鮮軍を支援すると、朝鮮の民衆による反抗も加わり、日本側は苦戦を強いられるようになった。

　明軍が平壌を奪還した後、戦線は膠着して持久戦となり、日本側は小西行長が中心となって明との講和交渉を進めた。その際、秀吉は明に、講和の条件として、「朝鮮の南部地域の日本への割譲」、「日明間での公式な貿易関係の復活」等の条件を提示した。しかし、行長が講和の早期締結を優先して日本側の条件を明側に伝えず、1596年に明の使節が来日して秀吉に示した講和文書には、貿易の再開以外、秀吉からの要求を認めていなかった。秀吉がこれに激怒して講和は決裂し、日本は再度朝鮮に出兵した（慶長の役、1597 – 98年）。

　日本軍は、朝鮮半島南部地域の征服を目指して15万人の兵力を動員したものの、蔚山（現韓国の釜山近くの沿岸都市）での籠城で多大な犠牲者を出すなど苦戦が続いた。明軍も約10万人を投入して反撃したために戦局は好転せず、秀吉は反転攻勢を目指して1599年に大規模な増援を計画したが、その前年に死去した。その後、豊臣政権は朝鮮半島からの撤兵を決め、1598年末に撤兵は完了し、戦闘は終結した。

　このような日本による朝鮮及び明への軍事侵攻・征服計画について、既にイエズス会宣教師のフロイスは、同会の総会長に宛てた書簡で、「織田信長が日本を統一した後に、明に海軍を派遣して征服する計画を抱いている」と記していた[27]。また、1587年に某イエズス会士がやはり同

総会長宛ての書簡で、信長が秀吉と会話した際、「ポルトガルは日本と距離が離れすぎているため、征服するのは不可能だ」と語ったと伝えていた[28]。

さらに、秀吉は 1586 年にイエズス会日本準管区長のコエリョと接見した際（前述）に、「日本の統一を実現した後には、２千隻の船団を建造して明を征服するので、大型の帆船２隻と航海士を提供してほしい」と述べた[29]。コエリョは、ポルトガルが日本と共同して明を征服する構想を抱いていた[30]ため、この申し出に応え、翌年、秀吉が九州を平定した後、博多湾で、大砲を備えた大型の帆船（ポルトガル製）を提示した。しかし、秀吉はその圧倒的な戦力を目の当たりにしてイエズス会側への警戒心を強め、バテレン追放令（前出）を下してキリスト教勢力の日本への浸透を抑えにかかった。さらに、秀吉は「文禄の役」を開始した直後の 1591 年、マニラのスペイン総督に宛てて、「速やかに日本に服従しなければ、軍隊を派遣する」と、恫喝するような内容の書簡を送っていた[31]。

以上に指摘した点を捉えて、信長と秀吉は、当時の「海上大国」への対抗心から対明征服を構想していたとの見解がある[32]。しかし、その当否はともかく、日本軍は「文禄の役」で、朝鮮半島北部へと急速に侵攻したために兵員及び武器を後方地域に配備するのが追い付かず、さらに進撃するのが困難となっていた。一方の明も、当時はモンゴル族や倭寇への対処で国力が低下しており、秀吉の朝鮮出兵に際しても、自国の領域を防衛するために日本軍の進撃を朝鮮で食い止める戦略を採用した。その結果、朝鮮に援軍を派遣する一方、日本との早期の講和を模索し続けた[33]。このように、対峙する「陸上大国」が不利な条件を抱えていたにも関わらず、日本が有利に戦い得なかったのは、長期の対外戦争を進めるには十分な国力を備えていなかったことが何よりの原因と考えられる。

そして、朝鮮出兵に従事した諸大名は、兵力にも財力にも大きな損失

を被ったにも関わらず、十分な恩賞を授かることがなかった。その結果
に諸大名は不満を募らせ、豊臣政権の支配力も低下していった。

江戸幕府初期の内戦と「海上大国」

　17 世紀に入ると、英国とオランダ（共にスペインと「海上大国」の
座を争っていた）が東アジアへの進出を強めていった。特に、オランダ
の軍艦は操船技術及び武器の面でスペイン及びポルトガルに優ってお
り、海上貿易で次第に支配力を強めていった。

　その同時期、日本では豊臣秀吉の死後、徳川家康（豊臣政権下の有力
大名）が関ヶ原の戦い（1600 年）で豊臣側に勝利した後、新たな政権
として江戸幕府（徳川家の将軍を中心とする）を開き、初代の将軍となっ
た（1603 年）。家康は 1605 年に将軍の位を息子の秀忠に譲った後も大
御所として国政の最高指導を担い、秀吉による出兵で断絶していた朝鮮
との国交を回復した（1607 年）。他方で、家康は秀吉と同様に、キリス
ト教勢力が日本を支配する事態を警戒して、秀吉と同様に布教を禁止す
る措置を採り続けた[34]。

　そのような中、オランダ船のリーフデ号が日本に漂着する（1600 年）
と、家康は、乗組員のウィリアム・アダムス（英国人）らを引見した。
この時、イエズス会の宣教師は家康に、「英国人やオランダ人は海賊で
ある」として処刑するよう求めたが、家康はこれを受け入れず、アダム
スを外交顧問（日本名は三浦按針）として家臣に迎え入れた。また、家
康はリーフデ号の船長が帰国する際、オランダがマレー半島に設けた総
督府宛の書簡で通商を求め、オランダは九州の平戸に商館を開設した
（1609 年）。

　一方、スペイン側は、このような英国・オランダ側の動きに警戒を強
めていった。そうした中で、スペイン船サン・フランシスコ号が日本に
漂着し（1609 年）、乗船していた前マニラ総督のビベロは家康と面会し
た際、宣教師の保護及びオランダ人を日本から追放するのを条件に、日

本との通商に応じる用意があると伝えた。ビベロは、日本との貿易をスペインが独占することの他に、「日本がマニラを攻撃してくる前にスペインが日本を征服する必要がある」と考えていた。そして、日本を征服するためには、大名や民衆をキリシタン化して徳川幕府を倒す構想を抱いていた。

これに対して家康は、宣教師の保護に応じ、スペインとの公式の通商関係（朱印船貿易）を認めたものの、オランダ人の追放を拒んだ。家康は、スペインからの武力による侵略を恐れておらず、また、英国・オランダ側とスペイン双方との通商を求めていた。実際、英国もアダムス（前出）の仲介により、平戸で日本との貿易を開始した（1613 年）。

さらに、家康は日本での支配権を確立するために豊臣家を滅ぼし（大坂冬・夏の陣、1614 − 15 年）、その際、英国とオランダから購入した大砲で威嚇し、冬の陣での講和を導いたと言われる[35]。しかし、元のキリシタン大名や武士（関ヶ原の戦いで領地を失った）が豊臣方につき、大坂城内に宣教師たちが籠っていたことは、家康にキリスト教勢力が脅威となることを深く認識させた[36]。その結果、江戸幕府は諸大名に、キリスト教の禁令を遵守すること及び明以外の船による寄港を平戸と長崎に限る旨を通知した（1616 年）。

このような中、宣教師たちが禁教に対抗するために多数日本に潜入すると、英国とオランダの商館は 1620 年、幕府に対し、「我が両国は、スペイン及びポルトガルが日本の平和を乱すのを極力阻止する」との上申書を提出し、幕府はスペインとの通商を停止した（1624 年）。その前年には、英国も東南アジアでオランダとの貿易を巡る紛争に敗れ（アンボイナ事件、1623 年）、平戸の商館を閉鎖していた[37]。

その後、幕府によるキリスト教への取り締まりは続いたが、こうした中、九州でキリシタンの農民が取り締まりに反発して蜂起し、天草の原城跡に立て籠った（島原の乱、1637 − 38 年）。この時、幕府（将軍は三代の家光、幕閣の中心は老中の松平信綱）は、オランダ商館長に支援

を求め、沖合の船上から籠城先に砲撃を加えて鎮圧した。この砲撃自体に大きな効果は乏しかったものの、籠城側の抱く「スペインやポルトガルが救援に来てくれる」という期待を削ぐ効果をもたらしたと言われる[38]。

そして、乱が鎮圧された後、幕府はオランダ商館側から、「ポルトガルと断交してもオランダとの貿易で充当することが可能である」と進言されたことから、ポルトガル船の来航を禁じ（1639年）、オランダ商館を長崎の出島に移して貿易を続けた（1641年）。その一方、幕府は、オランダから「マカオを封鎖する許可を求める」との依頼に、それが不首尾に終わった際に援軍を派遣することに消極的な旨を回答し、国外での軍事行動を回避する姿勢を示していた（1635年）。

また、この時期、中国大陸では清（満州族が明を倒して建てた統一国家）が成立した（1644年）が、幕府は鄭芝龍（明の遺臣）からの「明を復興するために援軍を送ってほしい」との申し出を拒否していた（1645年）。一方の清では、支配層となった満州族が、オランダ人を台湾から追放した（1661年）後、海上への勢力圏の拡大に関心を示していなかった[39]。それゆえ清は、幕府と出島での通商に応じる一方、日本への軍事侵攻には踏み切らなかった。

こうして、江戸幕府は、「海上大国」と「陸上大国」の双方と安定した関係を築くと同時に、国外への軍事行動を選択しないという「鎖国」を実現した。

3 | 完成した「海上大国」・「陸上大国」と日本の戦争

幕末―明治維新期の内戦と英露関係

18世紀に入ると、英国はオランダやスペインを破って史上初の本格的な「海上大国」となり、ロシアはユーラシア大陸全体を版図に収めてモンゴル帝国以来の「陸上大国」となった。そして、両大国は、太平洋

方面への勢力圏拡大を目指して動き出した。英国はオランダの商船を拿捕しようと軍艦を長崎港に侵入させて水や食料を要求した（1802年のフェートン号事件）が、幕府は兵を動員して威圧し、英艦を退去させた。また、ロシアはラクスマンやレザノフを使節として送り、開国や通商を求めた（1792年、1804年）ものの、幕府は、こちらも交渉を拒否し、これに怒ったロシアは樺太や択捉島に派兵して略奪や放火に及んだ（1806年）。

　こうした事態に幕府は、無二打払令を発布して（1825年）、「清・オランダ以外の外国船が日本の沿海に接近した際には、その目的に関わらず撃退する」との方針を示した。しかし、既に幕府は財政状態の悪化により十分な沿岸の警戒・防備体制を整えるのが難しく、単なる恫喝政策に過ぎず[40]、単独で「鎖国」を貫徹するのは難しくなっていた。しかし、その後、清国が阿片戦争（1840－42年）で英国に敗れて賠償金の支払いや香港の割譲を余儀なくされたことを知ると、幕府は、無二打払令を廃止して薪水給与令（1842年）を出し、緊急時に物資の補給に応ずる等、姿勢を軟化させた。

　そうした中、米国も太平洋方面に勢力圏の拡大を図り、海軍の艦隊（指揮官はペリー提督）を日本に派遣して開国を要求した（黒船の来航、1853年）。幕府側（政権の責任者は、大老・老中の阿部正弘、井伊直弼、堀田正睦等）は米艦の備えた当時最新鋭の装甲・武器に圧倒されて「開国」に方針を転じ[41]、米国及び欧州諸国（英国、オランダ、フランス、ロシア等）との間に国交・通商条約を結んだ（1854－60年）。しかし、その後米国では内戦（南北戦争、1861－65年）が勃発し、この間は日本への干渉を控えることとなった。

　一方、ロシアは極東から太平洋方面への進出を目指し（南下政策）、海軍の艦艇を派遣して対馬を占領した（対馬事件、1861年）。これに対して幕府（老中の安藤信正、外国奉行の小栗忠順等）は強く抗議し、英国（オールコック公使）も幕府と歩調を合わせ、海軍の軍艦を対馬沖に

出動させて威嚇し、ロシア艦隊に対馬からの退去を強く求めた。ロシア
側は、「対馬内で港を租借し、その見返りとして大砲50門を提供して同
島の警備に協力する」旨を幕府に提案したものの、英国と対立する等形
勢が不利となったため、軍艦を対馬から引き揚げた[42]。その後はクリミ
ア戦争後における国内政治の再建に重点を置き、ひとまず日本への干渉
から手を引いた。

　その同時期、日本の国内では、長州藩（藩士の桂小五郎〔後の木戸孝
允〕、高杉晋作、伊藤俊輔〔後の博文〕等）や薩摩藩（藩士の西郷吉之助〔後
の隆盛〕や大久保一蔵〔後の利通〕等）が、幕府の対外姿勢からその弱
体化を察知し、京都の朝廷と結んで新たな政権を作ろうと動き始めた。
こうした「討幕勢力」は、幕府の掲げる「開国」に対抗して「攘夷（日
本からの外国勢力の排除）」を主張したため、英国は当初、幕府を支援
した。1863年に将軍の徳川家茂が赴いた先の京都で討幕勢力に拘束さ
れ、幕府が兵力によって将軍を奪還しようと企てた際、英国はフランス
（英国と競って日本への勢力圏拡大を目指していた）と協力し、2隻の
軍艦を提供して幕府軍を海路で大坂に送った。この作戦は失敗したもの
の、英国は協力した見返りとして、フランスと共に、横浜に軍隊を常時
駐留するのを認められた。

　一方、討幕勢力は、薩摩藩士が英国人の一行を殺傷し（1862年の生
麦事件）、長州藩では、外国の船舶が関門海峡を通過する際に砲撃して
退散させていた（1863年）。これに対し、英国は艦隊を派遣して薩摩藩
を攻撃し、軍艦に備えた101門の大砲によって市街地や軍事施設に大き
な被害を与えた（薩英戦争、1863年）。また、長州藩に対しては、オラ
ンダ、フランス、米国と共に連合艦隊を結成して下関を砲撃し、さらに
は上陸して市街地を襲い、大打撃を与えた（1864年）。こうして討幕勢
力は諸外国の進んだ軍事力を認識し、方針を攘夷から開国へと転換し
た。また、英国が日本との自由な貿易を望んでいた一方、幕府は貿易の
独占に固執し、薩摩・長州両藩は英国と同じ方針で臨んでいた。こうし

たことから英国は討幕勢力の支援に回った。

　そして、討幕勢力は朝廷を味方につけ、幕府側との内戦に突入した（戊辰戦争、1868 - 69年）。その緒戦となった「鳥羽・伏見の戦い」で、幕府軍はフランスから購入した先込め砲を投入したものの、討幕軍は英国から元込め砲（砲弾を砲身の後部から装填し、先込め砲より効率が高い）を入手しており、こうした兵器の差が功を奏して幕府軍に勝利した[43]。討幕軍は後退する幕府軍を追って東進し、幕府の拠点である江戸城を総攻撃する構えを見せた。しかし、英国のパークス公使は、総攻撃によって英国が横浜で握っている利権が大きく損なわれるのを懸念し、討幕軍に対し、総攻撃への反対・中止を強く要請した[44]。討幕軍も、英国が幕府への支援に回ってしまう事態を避けるため、幕府側（責任者は重役の勝安房〔海舟〕）と協議した末に江戸の無血開城を実現した。討幕軍はこの後も幕府側勢力に勝利して全国を平定し、新たな政権として薩摩・長州を中心とする明治政府が成立した。

　結局、英国は通商等の利権を求めて日本に介入し、江戸幕府と討幕勢力は相手に勝利するために英国の支援を得ようと競ったというのが、幕末における内戦の実態と考えられる。

台湾・朝鮮への勢力圏拡大と対英関係

　明治政府は、成立した直後から、欧米諸国に準ずるような軍事力の創設に着手した。まず陸軍と海軍を設置し（1872年）、次に徴兵制を施行して（1873年）、従来の武士に拠らず20歳を迎えた全国の男子から兵を募る方針に切り替えた。また、1871年に明治政府の外務卿（現在の外務大臣に当たる）となった副島種臣は、「台湾及び朝鮮半島を日本の勢力圏下に置いて、清を封じ込めると共にロシアがアジアに侵入するのを防ぐ」という安全保障政策を構想し、朝鮮に国交を求めた。しかし、朝鮮側は、欧米諸国が日本に影響力を及ぼしていると考え、これに応じなかった。

　これに対して日本の国内では、士族（江戸幕府時代までの武士階層）が徴兵によって軍隊から排除されていた不満から朝鮮に遠征して成果を挙げようとの声が上がり（征韓論）、明治政府でも西郷隆盛らがこれを主張した。しかし、大久保利通らが「明治政府には海外に出兵するための財政上の余裕がなく、日本と朝鮮が争っているのに乗じて英国やフランスが東アジアに勢力圏を広げる可能性が高い」として拒否し、出兵を阻止した[45]。

　その一方、琉球から日本の本土に向かう船が台湾に漂着した際に乗員が現地の先住民に殺害される（1871年）と、明治政府は清（台湾を勢力圏に置いていた）に、賠償を要求した。これに対して清が、「台湾には我が国の統治権が及ばない」として拒否したため、明治政府は、西郷従道（隆盛の実弟で陸軍中将）を指揮官とする3千5百名余りの兵を台湾に派遣した（台湾出兵、1874年）。同年5月に日本軍は台湾に上陸した後、翌6月には事件の発生した地域を制圧し、風土病に悩まされて561名が死亡したものの占領を続けた。

　こうした武力の行使に、英国のパークス公使は強く反発したが、その後任となったウェード公使が日清間の仲介に入った。そして同年10月、日清両国政府は、「日本軍が同年12月までに台湾から撤収し、清が賠償金として10万テールを支払う」という和解を結んだ。そして、清が日本軍による軍事行動を承認した結果、国際法上、琉球は日本に帰属することが認められた[46]。

　その後、明治政府は、海軍の艦船を朝鮮の沿海に送って威嚇し、開国を迫った。これに対して朝鮮側が砲撃を加え（江華島事件、1875年）、明治政府はこれを追及する形で朝鮮に国交を改めて求めた。英国等欧米諸国は、日本の要求が実現するのに便乗して朝鮮に進出しようと目論み、日本の支援に回ったため、日本は朝鮮との国交を実現した（江華島条約、1876年）。

　このように、明治政府は東アジア地域への勢力圏拡大を、英国の外交

方針と擦り合わせつつ進めていった。その後、朝鮮の支配層では、王妃を出している閔妃派が日本からの軍事・経済進出を容認したのに対し、大院君を中心とする派が「閔妃政府の打倒」と「日本人の追放」を訴えて暴動に及び、大院君が政権の座に就いた（壬午事変、1882年）。この騒乱で、日本から朝鮮軍を指導するために派遣されていた軍人が殺害されるなどの被害が出たため、明治政府は直ちに陸海軍の派遣を決定したが、政権を奪われた閔妃派は清に軍隊の出動を求めて事態の収拾を図った。清は朝鮮に軍艦を派遣し、明治政府に事態を収拾するための仲裁を申し入れたが、日本側は、清が朝鮮を支配下に収めようとする姿勢を崩さないことから申し入れを拒絶した。清も日本との戦争に発展するのを望まず、大院君を首都の京城から拉致して閔妃を王位に就け、明治政府は朝鮮との間で、日本軍人を殺害した犯人の処罰、損害賠償、公使館を警備するための日本軍の駐留を取り決めた。

　この後、清は朝鮮の内政・外交への干渉を強めていった。その一方、朝鮮の国内では独立党（親日派）と事大党（新清派）との勢力争いが続く中、独立党が日本公使の後押しを受けて蜂起した。独立派は事大党の政権幹部を殺害し、百名の日本兵が王宮の防備を固めた（甲申事変、1884年）。この事態に閔妃の一族は清に救援を要請し、清はこれに応じて2千名の兵を送って王宮を包囲するに至り、日清両軍は戦闘に突入した。この間に朝鮮の国王は清軍の手によって逃れ、日本軍は苦戦し、日本公使館や在留邦人にも被害が及んだ。こうして蜂起は失敗に終わり、明治政府は清に朝鮮への軍隊を派遣する優先権を認めて事態を収拾した[47]。

日清戦争と対露関係

　一方、この時期のロシアは南下政策を実現するため、朝鮮半島への進出を企てていた。甲申事変の後、清がロシアに「朝鮮を保護するよう依頼する旨の密約を交わした」との風説が流布されると、英国はロシアの

勢力圏拡大を阻止する意思を示すため、巨文島（朝鮮半島の南岸に位置する）を占領した（1885 年）。これに対してロシアは南下政策を維持しようと、朝鮮半島の占領を企てるに至った[48]。すると英国は、日本と通商航海条約を結んで（1894 年）関係を強め、ロシアを牽制した。

　そして、1894 年、朝鮮で東学党（外国勢力の排除等を主張した）が蜂起し、その勢いが全国に広まると、朝鮮政府は自力での鎮圧が困難となり、清に軍隊の出動を要請した。これに対して明治政府（首相は伊藤博文、外相は陸奥宗光）は朝鮮が清の支配下に入るのを阻止しようと、清と同様に軍隊を朝鮮に派遣した。清が朝鮮から両国軍を同時に撤退させることを提案したのに対し、明治政府は日清両国が共同して朝鮮の内政改革を進めるよう提案した。しかし、清は朝鮮を保護する立場にあるとの姿勢を崩さず、日本からの提案を拒否したため、明治政府は外交での解決が限界に達したと判断し、清との開戦に踏み切った（日清戦争、1894 － 95 年）。

　開戦に際して、日本の陸軍は約 24 万人を動員したのに対し、清は約 98 万人の陸軍を投入した。しかし、清軍は主戦場となった朝鮮半島に兵力が分散したために集中して攻撃するのが困難となっていた。また英露等欧米諸国による国内の植民地化や圧迫のために国力が低下して兵士の士気も低く、日本軍は清軍を連破して朝鮮半島から満州に進出し、旅順及び大連（いずれも遼東半島の重要な港町）を占領した（1894 年 11 月）。また海軍も連合艦隊（司令官は伊東祐亨中将）が清の北洋艦隊に勝利し（黄海海戦、1894 年 9 月）、清の海軍を壊滅させた[49]。

　さらに、陸軍の山県有朋・第一軍司令官（陸軍大将、長州藩出身で日本政府及び陸軍の実力者）は、山海関（清の首都である北京に隣接する地域）での決戦を企てていた。これに対し、首相の伊藤博文は「北京への攻撃は英露等の干渉を招いて不利になる」と考え、天皇（大日本帝国憲法〔1889 年〕の規定により、政府・陸海軍の最高指導者とされていた）を説き伏せ、山県を帰任させて陸軍大臣に転じ、戦争を早期に終結する

方針を採った[50]。既に1894年10月、英国のトレンチ公使は明治政府に、「清が日本に賠償金を支払い、英露等欧米の主要国が朝鮮の独立を保障する」という内容での講和を提案していた[51]。しかし、明治政府はこれを断り、「清国が朝鮮の独立を認め、日本に賠償金を支払うのに加え、台湾の全島と遼東半島を割譲する」という内容で講和を結んだ（下関条約、1895年）。

　しかし、ロシア（皇帝はニコライ2世）は、遼東半島を自国の南下政策のための拠点と捉えていたため、これに反発し、ドイツ及びフランスと共に、「日本による遼東半島の占領は、北京を脅かすのみならず、朝鮮半島の独立を有名無実とし、極東における平和の妨げとなるので、清国に返還するよう勧告する」と申し入れた（三国干渉、1895年）。これに対し、伊藤首相や陸奥外相は、「申し入れを拒んで三国との武力紛争に突入するには日本の軍事力では厳しい」と判断し、英国等に仲裁を求めた。しかし、いずれの国も「戦争による清の弱体化は列強が共有すべき利益であり、日本がそれを独占することは認められない」と考えていたために中立の姿勢を崩さず[52]、明治政府は遼東半島の返還に応じた。実際、英国は日清戦争時に中立を表明していたものの、日本がロシアの勢力圏拡大を抑えるよう期待する半面、中国大陸に勢力圏を拡大するのを望んでいなかった。そのため、日本海軍の動向を清国海軍に通報したり、中立の義務に背いて、自国の商船で清国の陸軍を朝鮮に輸送していた[53]。

　その後、朝鮮では閔妃派がロシアに接近し、その支援を得て政府から親日派を追放した。これに反発した日本公使の三浦梧桜は、京城に駐留する日本軍の守備隊を率い、王宮を襲撃して閔妃を殺害し、大院君を中心とする親日派の政府を建てた（乙未事変、1895年）。しかし、国王はロシア公使館に避難して同国の支援を仰ぎ、親日派政府を弾圧して巻き返しを図った。この結果、1896年、明治政府とロシア公使は、「日本が、ロシアによる朝鮮国王を保護する権利及び朝鮮に軍隊を駐留する権利を

認める」という内容の覚書を交換することとなった[54]。

　こうして、明治政府は英露両国からの干渉を避けて清との戦争を遂行しようと企てたが、その結果、ロシアとの関係に緊張を深める事態を招いた。一方、日本の帝国議会は、1895 - 96 年の第 1 次戦後復興予算として軍備の拡充に 10 年間で 2 億 5 千万円を計上する[55] など、戦争によって勢力圏の拡大を目指す方向へと一層進んでいった。

小結

　古代 - 19 世紀の日本は、「海上大国」及び「陸上大国」の弱体あるいは不在によって東アジアの政治秩序が不安定な場合には、戦争によって一定の成果を挙げていた（倭国による朝鮮半島への軍事侵攻、日清戦争）。その一方、大国が強大であった場合には戦争で敗北を喫してきた（白村江の戦い）。また、稚拙な外交によって大国からの侵略戦争を招く事態もあった（元寇、幕末の薩英戦争や英国等 4 ケ国による下関への砲撃）。

　その一方、大国との関係を巧みに利用して、内戦や軍事侵略危機を収拾し（織豊政権による国内統一戦争、江戸幕府初期の「大坂の陣」や「島原の乱」、幕末の「対馬事件」や戊辰戦争）、さらには国益の確保に結び付ける事例も見られた（倭寇のもたらした明からの軍事侵略の危機）。また、国力の不足等から軍事侵攻を断念する事例も見られた（新羅や元への侵攻計画）。

　そして、日本に対する軍事侵略を回避するには、大国との間で互いの支配する領域を不可侵とする関係を築く（隋、「白村江の戦い」以外の唐）あるいは関係を断って「鎖国」体制を守ることが重要となっていた（唐末期における遣唐使の廃止）。殊に、江戸幕府による鎖国は、清との不可侵を維持したのに加え、オランダとの事実上の「軍事同盟」に入る[56]結果、オランダの海軍がアジア太平洋で支配権を握り、スペイン等他国による日本への接近を阻むことによって実現されていた。しかし、オランダが「海上大国」の座を英国に奪われ、ロシアが「陸上大国」として

極東に勢力圏を広げ、共に日本に対して「開国」を要求するに至り、日本が独力で「鎖国」を堅持するのは限界に達していた。

　また、戦争の繰り返しや長期化は、日本に不利や負担をもたらすことが多かった（対好太王戦の敗北、磐井の乱、秀吉の朝鮮出兵、日清戦争後の軍備増強）。それはさらに、日本と大国との間に緊張を高める要因となっていった。

注
1　同時期の日本による戦争は、『日本書紀』、好太王（広開土王）碑文、『宋書倭国伝』、『三国志』百済本紀を参照。
2　木下正文『日本古代の歴史①倭国のなりたち』吉川弘文館、2013年、185頁。
3　『魏志倭人伝』には、「倭国に牛や馬はいない」との記述があり、倭国に乗馬の風習が広まったのは、対高句麗戦の後だったとされている。河内春人『倭国の五王』中央公論新社、2018年、29 − 30頁。倉本一宏『戦争の日本古代史』講談社、2017年、36 − 38頁。
4　前掲書『日本古代の歴史①倭国のなりたち』184頁。
5　和田萃『体系日本の歴史2　古墳の時代』小学館、1988年、276頁。
6　前掲書『戦争の日本古代史』92頁。
7　同上、99頁。
8　森公章『「白村江」以後—国家危機と東アジア外交』講談社、1998年を参照。
9　新羅への征討計画は、西村秀樹『日本古代の歴史③奈良の都と天平文化』吉川弘文館、2013年、231 − 232頁、網野義彦『日本社会の歴史（上）』岩波書店、1997年を参照。
10　佐藤信編『古代史講義』筑摩書房、2018年、220 − 221頁。
11　荒井孝重『戦争の日本史7 蒙古襲来』吉川弘文館、2007年、25頁。
12　戦闘の様子は、『元史』、『高麗史』を参照。
13　『福岡県史第1巻（下）』1962年、61頁。
14　服部英雄『蒙古襲来と神風』中央公論新社、2017年、108 − 109頁。
15　王勇『人間選書232 中国史の中の日本像』農山漁村文化協会、2000年、第6章を参照。
16　前掲書『福岡県史第1巻（下）』63頁。
17　『明史』の記述による。なお、倭寇を巡る日本と明との関係については、田中

健夫『倭寇―海の歴史』教育社、1982 年を参照。

18　平川新『戦国日本と大航海時代』中央公論新社、2018 年、34 頁。

19　同上、38 - 39 頁。

20　同上、52 頁。

21　同上、70 頁。

22　渡辺京二『バテレンの世紀』新潮社、2017 年、198 - 200 頁。

23　同上、225 頁。

24　高瀬弘一郎『キリシタン時代の研究』1977 年を参照。

25　前掲書『戦国日本と大航海時代』102 - 116 頁。

26　戦闘の様子は、北島万治『豊臣秀吉の朝鮮侵略』吉川弘文館、1995 年を参照。

27　フロイス著、松田毅一他訳『完訳フロイス日本史第 3 巻』中央公論新社、2000 年を参照。

28　高橋裕史『武器・十字架と戦国日本』洋泉社、2012 年を参照。

29　北島万治編『豊臣秀吉朝鮮侵略関係資料集成 1』平凡社、2011 年を参照。

30　前掲書『戦国日本と大航海時代』71 頁。

31　同上、102 - 103 頁。

32　入江隆則「秀吉はなぜ朝鮮に出兵したか」『地球日本史』産経新聞社、1998 年を参照。

33　大津透他編『岩波講座日本歴史第 10 巻近世 1』岩波書店、2014 年、112 頁。

34　家康と、英国、オランダ、スペイン等との関係については、前掲書『戦国日本と大航海時代』、『バテレンの世紀』を参照。

35　宇田川武久『真説鉄砲伝来』平凡社、2006 年を参照。

36　前掲書『岩波講座日本歴史第 10 巻近世 1』岩波書店、2014 年、195 - 6 頁。

37　市村祐一他『鎖国＝緩やかな情報革命』講談社、1995 年、40 - 41 頁。

38　服部秀雄『歴史を読み解く―様々な史料と視座』青史出版、2003 年、194 頁。

39　前掲書『海軍の世界史』123 頁。

40　山本博文編『江戸の危機管理』新人物往来社、1997 年、111 頁。

41　後の第 1 次長州征伐（1864 年）時において、幕府軍には「大坂の陣」の時分と変わらない武器を備えた者も少なくなかった。北岡伸一『日本政治史―外交と権力〔増補版〕』有斐閣、2017 年、8 頁。

42　対馬事件の経緯は、日野清三郎著、長正統編『幕末における対馬と英露』東京大学出版会、1968 年を参照。

43　戦闘の経緯については、孫崎亨『アーネスト・サトウと討幕の時代』現代書館、2018 年を参照。

44　同上、266 − 68 頁。

45　副島の構想及び征韓論を巡る経緯については、池井優『〔増補〕日本外交史概説』慶応通信、1982 年、54 − 55 頁。

46　台湾出兵の経緯は、鈴木淳『日本の歴史 20　維新の構想と展開』講談社、2002 年を参照。

47　壬午事変及び甲申事変については、海野福泰『韓国併合』岩波書店、1995 年を参照。

48　猪木正道『軍国日本の興亡：日清戦争から日露戦争へ』中央公論社、1995 年、9 − 17 頁。

49　戦闘の経緯は、黒野耐『参謀本部と陸軍大学校』講談社、2004 年を参照。

50　大江志乃夫『日本の参謀本部』中央公論社、1985 年、71 − 72 頁。

51　陸奥宗光『蹇蹇録』。出典は、中塚昭『「蹇蹇録」の世界』みすず書房、1992 年、97 − 98 頁。

52　原田敬一『「戦争」の終わらせ方』新日本出版社、2015 年、31 頁。

53　平間洋一『日英同盟』PHP 研究所、2000 年、31 頁。

54　乙未事変の経緯は、金子文『朝鮮王妃殺害と日本人』高文研、2009 年を参照。

55　前掲書『日本政治史—外交と権力〔増補版〕』91 − 92 頁。

56　前掲書『歴史を読み解く』195 − 96 頁。

第5章
「海上大国」・
「陸上大国」による支配と日本
―20世紀の戦争

1 「海上大国」・「陸上大国」の不安定化と日本の戦争

20世紀初頭の戦争と日英米露関係

　1900年代を迎える前後の清で義和団事件（第3章を参照）が勃発すると、英国（当時の「海上大国」）とロシア（当時の「陸上大国」）は共に鎮圧に乗り出した。その一方で英国（ソールズベリ首相）は、ロシア（皇帝はニコライ2世）が事変を契機として清に影響力を強めるのを牽制しようと、日本に清への派兵を求め、それに要する費用として10万ポンドの財政支援を申し出た[1]。これに対して日本（外相は青木周蔵）は、日清戦争（1894－95年）による軍隊の消耗が激しく、当初は海軍の巡洋艦1隻と陸戦隊53名を派遣するにとどめていた。しかし、義和団による闘争が激しさを増したことから、英露等との協調を優先し、2万人の兵力（対義和団連合軍3万人中最大数）を投入し、義和団を鎮圧した。

　一方、ロシアは英国等が義和団への対処に集中する隙をついて満州のほぼ全域を占領し、1900年11月には「満州をロシアの保護下に置く」という密約を清と結んだ（第2次露清密約）。こうした状況の中、日本側では，山県有朋（政界・軍部の実力者）、桂太郎（当時の首相、陸軍大将で山県の直系）、小村寿太郎（当時の外相）等が、ロシアの勢力を

極東から後退させるために英国と結ぶ案を主張した。これに対して、伊藤博文（元首相、政界の実力者）等は、「日本がロシアと戦っても勝機が見込めない」との判断から、日本が朝鮮半島、ロシアが満州を夫々支配して勢力圏を分割することにより対立を回避する案（「満韓交換論」）を主張した。

　しかし、ロシア側では「満州に加えて朝鮮半島も勢力圏に収めよう」とする意見が政府・軍部に強く、伊藤が1901年の11月にロシアの首都ペテルブルグを訪れて「満韓交換論」に基づく日露間の和解提案を示したものの、これを拒絶した。他方、英国側はロシアによる極東への進出を抑えるのに加えて、ドイツが海軍の増強を進めるのに日本の海軍と結んで対抗する方針を固めた[2]。こうして、日本と英国は条約による協力関係に入った（日英同盟、1902年）。この同盟条約では、「英国が清に、日本が清及び韓国に有する特殊利益が侵害された場合、日英両国はその利益を守るために必要な措置を採る」ことが明記され、ロシアによる極東への勢力圏の拡大を牽制する内容となっていた。こうした動きに対して、ロシアは日本への警戒心を一層強めて満州への軍隊の駐留を続け、南下政策（太平洋、大西洋、インド洋への進出を目指す）の実現に固執した。そして日本側も、ロシアによる勢力圏拡大を抑えるための軍事力の行使を決断し、ロシアとの戦争に突入した（日露戦争、1904－05年）。

　日本は開戦に際して戦費の不足を懸念し、外国に向けた債券によって充当しようと図り、英国及び米国の経済界からの支援により1千万ポンドの資金を調達して戦闘を続けた。また、ロシア国内では日本公使館付武官の明石元次郎・陸軍大佐が反政府勢力（社会主義者等）を支援して政情不安を煽った。それでもなお、国力を日本対ロシアで比較すると、1年分の歳入は2億5千万円対20億円、陸軍兵力は20－25万人対2百－3百万人、海軍艦艇の総重量では26万トン対80万トンと、その差は大きかった[3]。

　その結果、陸では満州軍（総司令官は大山巌・大将）が苦戦を重ねた

末、奉天（現在の瀋陽）でロシア軍（総司令官はクロパトキン大将）を敗走させた（奉天会戦、1905年3月）。しかし、その時点で満州軍の戦死者は11万8千人余りに達し、これに加えて武器・食料も激しく消耗していたため、ロシア軍を追撃するのを断念した。実際、満州軍の大山総司令官は、奉天会戦直後、山県有朋（当時の参謀総長）に宛て、早期の講和を上申していた[4]。その後、対馬の沖合で連合艦隊（司令長官は東郷平八郎・大将）がロシアのバルチック艦隊（司令長官はロジェストヴェンスキー大将）に壊滅的な打撃を与えた（日本海海戦、1905年5月）後、米国（T・ルーズヴェルト大統領）に、日露間が講和する際の仲介を申し入れた。

　この日本からの申し入れを、米国（アジア太平洋地域に勢力圏の拡大を目指していた）は、「日露両国が共に勢力圏を大きく後退させない状態を築くことにより自らも極東での利権を拡大する」という狙いから受諾し[5]、日露両国は同年、ポーツマス（米国東海岸に位置する軍港）で講和会議に臨んだ[6]。会議でロシア側（全権は元蔵相のウィッテ）は、奉天会戦で敗走した陸軍が無傷で残っていたことから、「講和が決裂しての再戦も辞さず」と強気の姿勢を崩さず、日本側（全権は外相の小村寿太郎）からの領土・賠償金の要求を拒み続けた。日本側は戦力の消耗が激しく、戦争の継続が困難であるとの判断から要求を後退させ、賠償金の獲得を断念した末に、樺太の南半分に加え、朝鮮半島での支配権や満州での鉄道の運営権を獲得して講和を結んだ（ポーツマス条約、1905年9月）。

　こうして日本は、英米両国の抱く対露抑止という思惑に乗じてロシアと戦い、極東での利権を維持することとなった。

第1次世界大戦と日英米露関係

　日本は日露戦争の講和に先立ち、日英同盟を改定して、英国の東アジア及びインド、日本の韓国への優越権を夫々認めた（1905年8月）上、

米国との間にも取り決めを結び（桂・タフト協定、同年）、米国のフィリピンに対する支配権と同様に、日本の韓国に対する支配権を確認した。その上で、朝鮮半島に対する支配を固めるため、韓国を併合した（1910年）。一方で、米国の鉄道王ハリマンは、ポーツマスで講和会議が開かれている最中の1905年8月に来日し、満州での鉄道事業を日米間の合弁で行うことを日本政府に提案した。これに対して日本の桂首相は同意し、その旨を閣議で決定したが、小村外相が講和会議から帰国した後に反対したため、同意を撤回した。こうした動きに米国政府は日本への反感を強め、英国と共に、満州への外国資本の投資・参入を日本に強く要求した（1906年3月）。

　このような動きの中で、日本はロシアとの再戦の回避を模索し始めた。他方のロシアも、日露戦争による財政の悪化を立て直した上で英国とも協調関係を結ぶために、日本との緊張関係を緩和することを目指していた。その結果、両国は取り決めを結び（日露協約、1907年）、ロシアが満州の北部、日本が満州の南部を夫々勢力圏に収めることで合意した[7]。さらに、米国が満州の鉄道を中立化する案を提示した際、日本はロシアと共にこれに反対した。その後、日英同盟が再改定された（1911年）際、英国は日米間の緊張緩和を図って、米国を交戦対象国から除外した。このように、日本は「海上大国」と「陸上大国」との関係を操作して、戦争で獲得した利益の維持を図っていた。

　その後、第1次世界大戦が始まる（1914年）と、英国（グレー外相）は日本に、極東で英国の商船をドイツの海軍による襲撃から護衛してほしいと依頼した。これを当時の外相・加藤高明は、日本が勢力圏を拡大する機会と捉え、極東からドイツの勢力を駆逐することを目指して参戦した。英国は、日本が参戦する目的を護衛から広げたことを警戒し、一度は依頼を取り消したが、加藤外相が強引に交渉した結果、日本が活動する範囲を限定した上で参戦に同意した。

　こうして日本は、ドイツに宣戦布告する（同年8月）と、陸軍の部隊

が山東半島（当時はドイツの植民地）に上陸して青島（同半島の港町）にドイツ軍の築いた要塞を攻め落とした（同年 11 月）。さらに中華民国（1911 年に清を倒して建国された、指導者は袁世凱・大総統）に、山東省・満州南部及び東部内蒙古での日本の権益及び支配権を認めるよう迫った（対華 21 ケ条要求、1915 年）。これに対して、中国側は反発したものの、英国が日本に戦争での協力を必要とする立場から、日本の要求に応ずるよう促したため、やむなく受諾した[8]。一方、海軍の艦隊はインド洋や太平洋で護衛・索敵及び掃討活動に当たり、ドイツ艦隊を駆逐する際に大きな効果を上げた。また、地中海で輸送船の護衛活動に従事して高い評価を受けた[9]。

　さらに、日本は英国から、主戦場となっている欧州大陸に陸軍の部隊を約 40 万人派兵するよう求められた（1914 年）が、兵員を輸送するために 2 百万トンの船舶を要すること及び極東での軍事活動で自らの勢力圏拡大を図ることを優先して派遣を辞退した。その後、日本は再び同様の要求を受けた（1916 年）ものの、日英同盟の適用範囲がインド以東と規定されているため日本に欧州での戦争に加わる義務がなく、仮に派兵する際には英米側から戦費として 60 億円、兵員輸送用船舶を 60 万トンの支援が必要となり、これを日本から求めるのは難しいとして実施に踏み切らず、英米側が不満を抱くこととなった[10]。

　他方、ロシアは第 1 次世界大戦の勃発を控え、日本がドイツと組んで攻撃する事態を避けようと日本への接近を図った。日本も中国への勢力圏拡大を図る際に英米両国を牽制する狙いからロシアとの関係を強化しようと図り、両国は 4 度目の協約を結んだ（1915 年）。そこでは、中国から日露以外の第三国（想定していたのは米国）による支配を排除し、戦時における日露両国間の援助及び単独での不講和を定めるなど、軍事同盟としての性格が強まっていた。

　しかし、その後、ロシアが革命で崩壊してソ連が成立すると、日本は満州の北部及びシベリアの極東地域に勢力圏を拡大する方針を固め、英

米等各国と共に派兵に踏み切った（シベリア出兵、1918 - 22年）。そして、1918年の10月にはシベリアの東部一帯を占領した後、沿海州付近に反ソ政権（首班に予定したのはロシア帝国時代の将軍達）の樹立を画策した。しかし、反ソ政権は住民から支持を得られずに挫折し、米国は出兵する範囲の縮小を求めて日本を非難した。そして英米等が反ソ政権を樹立するのが困難と判断して軍隊を撤収した後も、日本は派兵部隊の駐留を続けたが、現地からの抵抗が激しく、10億円の戦費と3千5百人の死傷者という損失を抱え、目指した成果を挙げることなく撤兵した[11]。

　こうして日本は、第1次世界大戦で勢力圏を拡大したものの、英米両国との関係を悪化させた。さらに、英米側に代わってロシアとの関係を強化したものの、ロシアに変わったソ連との関係も悪化させるに至った。

1920年代の戦争と日英米関係

　第1次世界大戦が終結し、戦勝国となった日本は、大戦を終結するために結ばれたベルサイユ講和条約によって、ドイツが握っていた山東省での利権及び南太平洋の島々（サイパン島、パラオ島等）を獲得した。こうして日本は、極東及びアジア太平洋地域に勢力圏を拡大したのに加え、国際連盟にも加盟して理事国となった。その背景には、米国（W・ウィルソン大統領）の抱く「日本を連盟に参加させないと、今後極東で好き勝手に振舞うに違いない」という警戒感があった[12]。

　さらに、米国は、日本の勢力圏拡大を抑えようと首都のワシントンで会議を開き、英国に働きかけて日英同盟を廃棄させた上、海軍の主力艦（戦艦、空母等）の保有数を英国：米国：日本が5：5：3とする取り決め（ワシントン海軍軍縮条約、1922年）を結んだ。この内容に日本海軍の内部には不満もあったが、日本側（全権の加藤友三郎・海相）は、米国にマニラ及びグアムの両軍港を拡大させない旨を誓約させて取り決めを受諾し、英米側と協調する姿勢を示した[13]。

　一方、中国の満州（東北部一帯）では、関東軍（同地域を守備範囲とする日本陸軍の部隊）が、奉天軍閥（同地域を支配する勢力）の指導者である張作霖を支援して勢力圏の維持・拡大を図っていた。張作霖は中国本土への支配を目指して北京政府（指導者は直隷派の段祺瑞、英米側が支援した）と戦って敗れた（第 1 次奉直戦争、1922 年）ものの、関東軍の支援を受けて北京政府軍に大勝し（第 2 次奉直戦争、1924 年）、翌 1925 年には勢力圏を揚子江の流域まで広げた。その後、同年、奉天軍閥の幹部である郭松齢が張作霖に反旗を翻す（郭松齢事件）と、関東軍は郭の率いる軍隊による奉天への攻撃を阻止した。これは、現地の英国領事が反対したものの、関東軍が独自の判断で行っていた[14]。

　しかし、その後、張は対外姿勢を転換し、日本に加えて英米側からも支援を受けることとなった。さらに張は首都の北京に入城すると、大元帥に就任して「中国全体の支配者」となる旨を宣言した（1926 年）。そして英米側から資本を導入して日本が満州に敷設した鉄道と競合する新たな路線の構築を図り、関東軍の握る権益を損ねる挙に乗り出した。

　一方、その同時期、国民党（指導者は孫文、後継者は蔣介石）が共産党（ソ連の支援を受けていた）と提携する（第 1 次国共合作、1924 年）と、北京に向けて北伐に乗り出した。英国はこれを抑えるため、共同での武力干渉を日本に申し入れた。しかし、日本政府（幣原喜重郎・外相）は、武力干渉よりも国民党内の反ソ勢力を利用しようと考え、蔣介石に「外国からの反発を避けるために国民党内の反ソ勢力を粛正する」よう求め、蔣はこれに従い、反共クーデター（1927 年 4 月）に踏み切り、国民党と共産党の関係は断絶した[15]。しかし、幣原に代わった田中義一・首相兼外相（陸軍大将）は山東省に居留する日本人を保護するため 3 度の派兵（山東出兵）に踏み切り、中国との関係を悪化させた。

　そして国民党は 1928 年 6 月、張作霖の軍隊を破って北京に入城した。これに際して、関東軍（参謀の河本大作・大佐）は、張を利用して満州に勢力圏の拡大を図る方針に見切りをつけ、張が関東軍による強い説得

に応じて北京から奉天に引き上げる途中で爆殺した（1928年6月）。関東軍は指導者である張の死によって混乱が生ずる隙を突いて満州を制圧・支配しようと狙ったものの、張作霖の息子である張学良らが関東軍の企みを察知して動揺を抑えたために失敗した[16]。日本が英米側と協調した上で進める中国での勢力圏拡大政策は、限界に達しつつあった。

2 「海上大国」・「陸上大国」の再建と日本の戦争

1930年代の戦争と日米ソ関係

　その後の日本政府（首相は浜口雄幸）は、海軍の艦艇保有数について、新しい取り決めを結び（ロンドン海軍軍縮条約）、補助艦（巡洋艦、潜水艦等）の保有比率を英国：米国：日本が10：10：6.97とした。日本海軍の内部からは、ワシントンでの取り決めに続いて低い保有数とされたことに強い不満の声が上がったが、日本政府は折からの経済不況（世界恐慌）を乗り切るための財政削減及び対中国政策を進める上での英米両国との協調を重視して、同条約の締結に踏み切った[17]。

　しかし、関東軍（参謀の石原莞爾・中佐及び板垣征四郎・大佐）は、満州を領有してソ連による勢力圏の拡大を抑止し、同地の資源（石炭、鉄鉱石等）によって恐慌を乗り切ると共に将来の対米戦争にも備えることを目指した[18]。そして、石原の立てた計画に基づき、関東軍は1931年9月18日、奉天付近の鉄道線路を自ら爆破し、これを中国側からの攻撃と訴えて軍事行動に踏み切り、約半年間で満州を制圧した（満州事変）。関東軍は当初、自ら満州を直接支配する構想も検討したが、陸軍省や参謀本部が強く反対したため、翌1932年3月、同地に満州国（皇帝には清朝最後の宣統帝だった溥儀が就任した）を建てた。しかし、同国は、政治・外交・軍事の全てが日本及び関東軍の支配下に置かれる仕組みとなっていた[19]。

　こうした事態の中、米国は当初、日本政府に事態の収拾を託す方針で

臨んだ。しかし、関東軍が戦闘範囲を拡大していくことに態度を硬化させ、スティムソン国務長官が「武力によって国際関係の現状を変更するのを認めない」方針（不承認政策）を宣言して、日本を抑止する姿勢を示したものの、具体的な行動には踏み切らなかった。また、国際連盟はこうした米国の姿勢を受け、調査団を組織して事変の経緯を検証し、その結果をリットン（調査団長の名）報告書にまとめた。同報告書では、「日本による満州での軍事行動を認めない」とする一方、「日本は満州に特殊な権益を有している」点に照らし、同地で中国との経済協力を進めるよう提案し、日本が全面的に不利とならない形での事態の収拾を図った。なお、ソ連は、リットン調査団への参加を「対日関係の悪化を避ける」ために見送っていた[20]。

　しかし、日本側はリットン報告書に基づく事態の収拾を陸軍からの強い反対もあって拒否し、連盟を脱退した（1933年）。さらに、ワシントン及びロンドン両軍縮条約が期限を迎えて失効した（1936年）後、日本は新たな軍縮の取り決めに反対して軍縮会議から脱退し、英米側との対立は一層深まった。

　その後、1937年7月7日、北京郊外の盧溝橋付近で、日本陸軍の部隊が演習中に発砲（何者によるかは不明）を受けた（盧溝橋事件）。日本政府（首相は近衛文麿）は武力衝突の不拡大により事態の早期収拾を目指したが、陸軍側は中国本土に勢力圏を拡大しようと派兵に踏み切り、本格的な戦闘に突入した（日中戦争）。これに対して中国側では、国民党と共産党が再度提携し（第2次国共合作、1938年）、日本軍に対抗した。日本軍は侵攻を続け、南京一帯まで占領地を広げたが、中国側は抗戦を続けて戦争は長期化し、和平交渉も進展しなかった[21]。

　一方、日中戦争の開始直後、英国は欧州での戦争への対応（第3章を参照）、米国も世界恐慌への対策を優先していた。そのため、両国は夫々が中国で占める権益を侵害されない限り事態の収拾には動かず、米英両軍の砲艦が日本軍に攻撃された際（1937年12月）も、日本側の陳謝と

賠償金の支払いを受けて解決した。しかし、戦争が長期化すると、両国は日本に対する姿勢を硬化させ、米国は日本に通商航海条約の破棄を通告した（1939年7月）。日本は戦略物資を米国から調達して対中戦争を進めており、これは大きな衝撃となった。

　一方、中国の東北部では、満州国と近隣諸国（ソ連、モンゴル等）との境界が不明確なこともあり、度々武力衝突が繰り返されていた（1938年に発生した関東軍とソ連軍間の張鼓峰事件、等）。そうした中、1939年5月、満州国とモンゴルとの国境付近のノモンハンで、両国の軍隊が衝突すると、関東軍（参謀の服部卓四郎・中佐及び辻政信・少佐）はこれを機会に満州国の領域を拡大しようと本格的な介入に踏み切った（ノモンハン事変）。しかし、モンゴルは当時ソ連と同盟関係にあったため、ソ連軍の大部隊が戦闘に介入した。当時のソ連は、総力戦に備えて軍備の拡充を進めており、関東軍と比較して火砲で60倍、機関銃で20倍も上回る戦力を投入した。この結果、関東軍は大きな被害を受けて停戦を余儀なくされ、首脳部の大多数が退役及び左遷に追い込まれた。そして日本は、ソ連との関係も緊張していった[22]。

第2次世界大戦への突入

　一方、日本は中国の本土で占領した地域の支配権を固めようと、汪兆銘（親日派の国民党幹部）を首班とする政権（新中華民国政府）を南京に樹立した（1940年3月）が、中国の民心から支持を得ることは難しかった。さらに日本陸軍は、東南アジア及び太平洋方面に進出して軍事資源（石油等）の確保を図り、フランスの植民地であったインドシナ（現在のベトナム）北部に進駐した（1940年9月）。しかし、これによって英米側は一層態度を硬化させ、同じ月、英国はビルマを通じての蒋介石側への軍事物資の支援（援蒋ルート）を再開し（1939年に第2次世界大戦が始まると、英国等は対独戦への対応を優先して蒋介石への支援を打ち切っており、ソ連のみが蒋側に軍事物資を提供していた）、米国は日

本への屑鉄の輸出を禁止した。

　その後、1941 年に入り、日本政府（首相は近衛文麿）は米国政府（F・ルーズヴェルト大統領、ハル国務長官）との間で戦争を回避するための交渉に乗り出した[23]。米国側は当初、日本が軍事侵攻を停止しない限り交渉に応じない方針で臨んだが、日本の野村吉三郎・駐米大使（知米派の海軍大将）らの説得もあり、「米国が満州国を承認する代わり、日本が中国から軍隊を引き揚げる」等の提案を基に交渉する姿勢を示した。しかし、この案に近衛内閣の松岡洋右・外相が反発し、「日中間の和平交渉に米国が干渉するのを排除する」等の修正を加えて米国に伝えたため、米国政府は態度を再び硬化させ、日本に送った対案には満州国の承認等を除外する等、厳しい内容が盛り込まれた。

　松岡外相は、自ら日独伊三国同盟（1940 年 9 月）及び日ソ中立条約（1941 年 4 月）を結ぶことによって日独伊ソ間の「四国同盟」を形成し、その力を背景に日米間の交渉を有利に進めようと目論んでいた。その構想に、ソ連（指導者は共産党書記長のスターリン）は、ドイツとの戦争を延期あるいは回避することを狙って条約の締結に応じていたが、ドイツ（ヒトラー総統）はソ連との戦争に踏み切る方針を固めていた[24]。その結果、両国は独ソ戦に突入し（1941 年 6 月）、松岡の構想は崩壊した。

　この事態に際し、近衛首相は対米関係の改善を図って松岡外相を交代させたが、日本の陸海軍は対米戦争に備えて石油等の確保を目指し、フランス領インドシナの南部に進駐した（1941 年 7 月）。これによって米国の対日姿勢は一層厳しいものとなり、米国は同年 8 月、日本に対する石油の輸出を全面的に禁止し、英国（チャーチル首相）もこれに同調した。さらに、米国政府は、蒋介石側からの強い働き掛けもあり、同年 11 月 26 日、交渉案（ハル・ノート）を日本側に示した。その内容は、「満州国の承認」を含まないのみならず、「日本軍の中国本土及びフランス領インドシナからの完全な撤退」等を求めた強硬なものであった。

　こうした米国政府による姿勢の背景には、「日米間には国力の圧倒的

な格差があるゆえ、日本が合理的に判断すれば対米戦に打って出ることはあり得ない」との判断（ハル及びホーンベック国務省顧問）があった。実際、1941年における1日当たりの原油生産量は、日本が0.52バレルに対して米国が383.60バレルと約740倍に上っていた[25]。これに加えて日本は、1938年の時点で屑鉄の69.9パーセント、軍需用資材の66.3パーセントを米国から輸入していた[26]。

　しかし、日本政府（首相は近衛の後任となった東条英機・陸軍大将）・軍の首脳には、「ここまで追い詰められたからには、（米国と戦って勝つ可能性は低いものの）死中に活を求めて（その低い可能性に賭けて）対米戦争に挑むしかない」との意見が多数となり、同年12月1日、英米側との開戦を決定した[27]。しかし、ソ連は中立条約を結んだ後も中国側に武器の供給等で支援を続けており、日本は対ソ関係に不安を残していた。また、この時期、日本海軍の参謀たちが対米戦の机上演習を行ったものの、勝利の結果を得るのは難しく、演習を統裁する連合艦隊の参謀長が、「撃沈」された日本の空母を「損傷」と判定して続行する有様であった[28]。

第2次世界大戦での敗北

　1941年12月8日、日本海軍の機動部隊はハワイ・オアフ島のパールハーバー（真珠湾）に位置する米海軍の基地を急襲した。そして、多数の米軍艦に大打撃を与え、英米側との戦争に突入し、第2次世界大戦の当事国となった[29]。さらに同月の10日には、やはり海軍の航空部隊がインドネシア・マレー沖で英海軍の主力戦艦2隻を撃沈した。これに続いて日本の陸軍が翌1942年には1月にマニラ（当時フィリピンは米国の植民地）、2月にシンガポール（当時は英国の植民地）、さらに3月にはジャワ島（当時はオランダの植民地）、4月にはビルマ（現在のミャンマー、当時は英国の植民地）の首都ラングーン（現在のヤンゴン）を占領し、東南アジア方面に勢力圏を拡大した。

　こうして戦局が日本にとって有利に進む中、日本政府（東郷茂徳・外相等）は、英米側と早期に講和するよう主張した。しかし、陸海軍の首脳部には、戦勝を重ねて英米側及び蒋介石の政権を屈服させることを求める声が強く、講和を求める意見は大勢とならなかった[30]。他方の英米両国は1942年、日独伊三国との戦争では単独で講和しない旨を宣言し（連合国共同宣言）、日本のみとの戦争の終結を拒否する姿勢を示した。そして、この宣言には、中国に加えてソ連も加わっていた。

　その後、日本海軍は南太平洋のニューギニアへの上陸を試みたが、航空部隊に多数の損害を出して失敗した（1942年5月の珊瑚海海戦）。さらに太平洋の西部で米海軍との艦隊決戦に臨んだものの、作戦上の誤りから大敗し、主力となる空母4隻を撃沈された（同年6月のミッドウェイ海戦）。そして米軍は、これを契機に日本への反攻に乗り出した。これに対して日本は、本土から遠い太平洋の島々に陣地を構えたものの、海路による兵員・物資の輸送が米海軍からの攻撃によって阻まれ、十分な支援のないまま米軍の猛攻に苦戦を強いられた。

　そして、1943年9月にはガダルカナル島（ニューギニア島の東端）、1944年6月にはサイパン島（太平洋の中部）を米軍に奪われた。わけてもガダルカナル島は、戦闘よりも飢えで倒れる兵が多く、陸軍内部で「餓島」と呼ばれるようになっていた[31]。こうした中で日本は、チャンドラ・ボース（インド独立運動の指導者）を首班とする自由インド仮政府をシンガポールに樹立し（1943年10月）、英国の対インド支配に揺さぶりをかけようと企てた[32]。さらに東南アジア方面で戦局の挽回を図り、ビルマからインド東部への侵攻を試みた（インパール作戦、1944年3月）。日本軍は物資の輸送に牛・羊等の家畜を用い、これを必要時には食料とする兵站で臨んだが、家畜が河の氾濫で流され、武器の不足と飢えにより、英軍に敗北して失敗に終わった。

　日米両軍の格差は、武器の面で歴然としていた。まず陸軍では、日本の一式中戦車が最大装甲厚50ミリで国産として初めて対戦車用カノン

砲を搭載したものの、その口径は47ミリに過ぎず、生産台数も570台余りにどとまっていた。これに対し、米軍のM4シャーマン戦車は75ミリの最大装甲厚に加えて搭載する砲も75ミリと一式中戦車の2倍に近く、5万台以上も生産されていた[33]。次に、海軍でも、1940-45年における主力軍艦の建造数は日本の190隻に対して米国は799隻と約4倍に上っていた[34]。また、同じ期間における航空機の生産量でも、日本の対米比率は13-34パーセントに過ぎなかった[35]。これは、第1次世界大戦後に日本の陸軍では装備の近代化が英米ソに比べて遅れ、海軍も軍縮条約から離脱した後、建艦競争で米国に追いつくことのかなわなかった当然の帰結であった[36]。

　さらに米軍は、太平洋上の島嶼を手中にすると、そこから爆撃機（陸軍航空部隊のB29）による日本の本土への空襲を開始した。これによって日本は、都市・軍事施設に大打撃を受け、東京では、一晩で死者が4万人、負傷者は8万人以上に上った（1945年3月の東京大空襲）。

　ここに至って、日本は、ソ連（中立条約により交戦していなかった）に対英米講和の仲介を依頼して、終戦を模索し始めた。しかし、ソ連側は1945年の2月、クリミア半島のヤルタで英米側と第2次世界大戦の処理を巡って話し合い（ヤルタ会談）、その席で、「適当な時期に中立条約を破棄して対日参戦する」との密約を交わしており、日本政府への返答を遅らせていた。関東軍も部隊の大多数を南方に転用されており、ソ連への備えは脆弱さを増していた[37]。さらに米軍は、1945年3月にフィリピンを奪回すると、同年6月には沖縄を手中に収め、原子爆弾を同年8月6日に広島、同9日に長崎に投下して大被害を及ぼした。そして翌10日、ソ連軍は中立条約を破って満州国と朝鮮半島に侵攻した。このような戦局の中、日本政府（首相は鈴木貫太郎・海軍大将）は戦闘の継続を断念して英米ソ側への降伏を決め、1945年8月15日、敗戦を国民に通知した。しかし、ソ連はその後も戦闘を続け、同年9月までに樺太の南半分、千島列島及び北方4島を占拠した。

　こうして日本は米国（英国に代わる「海上大国」）とソ連（ロシア以来復活した「陸上大国」）に挟撃されて敗北し、満州国、朝鮮等、明治以降戦争によって獲得した領土・勢力圏を全て失った。

3 ｜ 新しい「海上大国」・「陸上大国」による戦争と日本

朝鮮戦争と日本

　第2次世界大戦に敗れた日本は、米国による占領（占領を担当するGHQ〔連合軍最高司令部〕の司令官はマッカーサー元帥）下に置かれた。これについてソ連は当初、米ソ二名の司令官による対日共同管理や北海道の東部を自らの占領下に置くことを提案した。しかし、米国は日本を単独で占領するのを望んだためこれを拒否し、ソ連も強くは要求しなかった[38]。そして、占領を遂行するため、米軍を中心とする部隊が日本の各地に駐留した。

　米国政府（トルーマン大統領）は、日本を占領する際の政策として、当初、「日本が再び米国及び世界の平和及び安全に対する脅威とならないようにするため非武装化する」[39]という方針で臨み、これに基づいて日本の保持していた軍隊は1945年中に解体された。さらにGHQは日本が憲法を新たにする際の案を作成して日本政府に交付し、これに従って日本が制定した新憲法の第9条（1946年）には、「日本が国際紛争を解決する手段として戦争を放棄し、軍隊等の戦力を保持しない」旨が規定された。

　米国は第2次世界大戦の終了直後、ソ連と協力して国際関係の平和を維持していく方針で臨んでいた[40]。しかし、その米ソ間で勢力圏の拡大を巡る争い（冷戦）が顕在化・激化するのに伴い、米国はソ連と対立する姿勢を強め、同時に対日政策の方針も、「非武装化（上記）」から、「ソ連による極東での勢力圏の拡大を抑止するための軍事拠点化」へと転換した。これをうける形で、米国のロイヤル陸軍長官は1948年1月、「日

本は（ソ連等による）全体主義（を拡大しようとするための）戦争に対する防壁である」と演説で述べた[41]。

そうした中、1950年の6月に北朝鮮（ソ連と中国から支援を受けていた）軍が韓国に侵攻する（朝鮮戦争）と、米国は国連で韓国の防衛を訴えた。そして、国連がこれに応じて韓国を守るために部隊（国連軍）を編成すると、米軍は（日本に駐留する部隊も含めて）その主力となった。そして米軍の陸海空部隊は、日本各地の基地、空港、港から朝鮮半島に出撃を繰り返した[42]。さらに米国は、日本に自衛するための再軍備を要求し、日本政府は同年12月、警察予備隊を創設した。

また、米国は開戦後の同年10月、日本政府（首相は元外交官の吉田茂）に、朝鮮半島の周辺海域での機雷を除去するよう要請した。これに対して吉田首相は、対米関係を重視する観点からこれに応じ、（日本国民の反戦感情を考慮して）秘密裏に海上保安庁に命じて掃海艇、巡視艇等を派遣した[43]。そして同年12月までの作業中、機雷に接触する事故により死者1名、負傷者18名を出したが、その活動により、国連軍は朝鮮海域の制海権を握った。その一方で日本政府は、「警察予備隊を朝鮮半島に出動させるのは、憲法第9条により日本が戦争することを禁止されているゆえに不可能である」[44]として、対米協力の範囲を非軍事分野にとどめた。

しかし、対米協力は政府部門にとどまらなかった。長崎県の佐世保港では、米軍の船舶が朝鮮半島に兵員・物資を輸送するために多数往来し、その数は1951年には延べ3562隻に達した。また、同地の基地では、日本人の労働者が弾薬の輸送に従事し、その数は同年11月に10万人以上に上っていた[45]。また、大阪府の某会社は、1952年から密かに米軍の砲弾の製造を引き受け、その売り上げは1955年に製造を終えるまでに約160億円に上った。その反面、兵員及び物資を輸送するための船員や港湾労働者として約8千人の日本人が動員され、開戦から半年間で56名が死亡したとされている。さらに、国連軍が仁川に上陸した際には、

125

現地の地理に詳しい日本人の船員が動員され、米軍のLST（戦車揚陸艦）に乗り込んでいた[46]。

　そして、朝鮮戦争が続く最中の1951年9月、日本は米国側と第2次世界大戦を終結するための取り決め（サンフランシスコ講和条約）を結んだ。そして同時に、米国との間に、「米軍が極東及び日本の安全を守るため、日本は国内に基地等の施設を用意する」との取り決め（日米安保条約）を締結した。これに続き、日本政府は、米国政府からの自衛力の増強要求に応じ、保安隊（1952年）、自衛隊（1954年）を創設した。この結果、日本は、米国の進める軍事安全保障・対ソ抑止戦略に組み込まれていった（なお、沖縄・奄美・小笠原諸島は講和後も米国の統治下に置かれたが、その後、順次日本に復帰した）。

1960年代の戦争と日本

　1956年12月、日本（首相は鳩山一郎）は国連への加盟を実現した。その直後、重光葵・外相は国連総会で演説し、「日本国憲法の前文に掲げる平和主義の精神は、国連憲章の平和主義の目的及び精神に合致する」と述べたものの、日本が国際平和を維持するために軍事面で協力するか否かを具体的に言及しなかった[47]。

　その後、中近東のレバノンで内戦が勃発すると、国連（ハマーショルド事務総長）は事態の鎮静化を図り、1958年、約百名から成る監視団を派遣した。さらに、レバノン政府が国内の安定化を促進しようと米国（アイゼンハワー大統領）に軍事介入を要請すると、米国は同年7月、「監視団の任務を補完する」として派兵に踏み切った[48]。こうした中で、日本政府（首相は岸信介）は、レバノンの国連監視団に自衛隊の将校10名を派遣するよう要請を受けた。これに対して、政府は、「自衛隊を監視団に派遣すること自体は、必ずしも海外への派兵（軍事行動）に当たらない」[49]としながらも、各種の国内法に違反する疑いがあるとして要請を断っていた。

　また、この時期、中国と台湾との間で武力紛争が頻発する（1955 –
58 年）と、米国は海軍部隊を派遣して台湾を支援した[50]。また、台湾
では蒋介石・総統が旧日本陸海軍の幹部将校に、自国軍への支援を要請
した。旧軍側はこれに応じ、軍事顧問団（白団＝ぱいだん）を結成し（前
出した元関東軍参謀の服部卓四郎も加わっていた）、台湾軍の再建・教
育を担った他、作戦計画の立案にも関与した。米国は、こうした活動を
問題視し、蒋介石に白団を解散するよう度々求めた。しかし、蒋はこれ
を拒否し、白団の活動は 1969 年まで続いた[51]。

　一方、日本政府は米国との間に結んだ安保条約を改定し（1960 年）、
「米国による対日防衛義務を改定前より明確化する」と共に、「米軍が
極東での安全保障活動を進める目的で日本国内の基地を使用する」こと
を引き続き規定した。そして、同条約を批准するための国会での審議に
おいて、日本政府は、「極東」の範囲として、「大体フィリピン以北並び
に日本及びその周辺の地域であり、韓国及び中華民国（台湾）の支配下
にある地域」[52]とする統一見解を発表し、米軍が台湾を防衛するために
日本の国内基地を使用することに便宜を図る姿勢を示した。その一方で
改定された安保条約は、「日本が自国のみを防衛する」と規定しており、
自衛隊による対米防衛義務及び日本の領域外での安全保障活動を盛り込
んでいなかった。この点に関連して、岸首相は、安保条約の改定作業が
始まるのに先立ち、「日本が朝鮮半島や台湾を巡る戦争に巻き込まれる
のは（憲法第 9 条の改正後でないと）好ましくない」[53]との意向を述べ
ていた。

　さらに、ベトナムでの戦争が本格化（1964 年）すると、米軍は南ベ
トナム政府を支援するために大規模な軍事介入に踏み切った。そして、
米国と同盟を結ぶオーストラリア、韓国、タイ、ニュージーランド、
フィリピンもベトナムに出兵し、米軍と共に北ベトナム（中ソ両国から
武器の供給等で支援されていた、第 3 章を参照）軍と戦った。一方の日
本（この間の首相は池田勇人と佐藤栄作）は、国内の軍事基地を米軍の

活動に提供し続けたものの、自衛隊のベトナムへの派遣には踏み切らなかった。この時、米国は、韓国がベトナムに派兵する代償としての経済援助を日本に要求し、日本は韓国に、3億ドルを無償、2億ドルを有償とする支援を実施した[54]。

こうした中で、米軍の部隊は、海兵隊が沖縄の基地から、海軍は神奈川県の横須賀と佐世保から、空軍は沖縄に加えて東京都の立川及び府中に夫々設けた基地からベトナムへの出撃を繰り返した。これに加え、米海軍に雇用されてLSTに乗り組んでいた日本人の船員が、南ベトナムの軍港ダナンで現地の警察官に射殺される事件も起きていた[55]。こうした米軍の行動が「日米安保条約における極東の範囲として日本政府の掲げる見解（上述）に違反するのではないか」との疑問が国会で提起されたのに対し、日本政府は、「ベトナムの情勢が極東の平和及び安全に脅威を及ぼすということがあれば、米国は、その事態に対処するため、日本国内の基地及び施設を利用し得る」[56]と、米軍の行動に便宜を図る旨を表明した。

これに加えて、日本国内における他の施設は、米軍の活動を支援するための拠点となった。各地の基地・港湾・空港等からはベトナムに大量の兵員・物資が輸送された。また、神奈川県の相模原に米陸軍の設けた補給廠では、1965 – 73年（この年、米軍がベトナムから撤退した）の間に戦車を682輌、同じ期間に装甲輸送車輌を5424輌、夫々整備した。さらに、東京都の横田及び立川の空軍病院、同じく北区王子の陸軍病院はベトナムでの傷病兵に治療を行った[57]。

その一方、この時期の日本政府は、国連の平和活動への参加について、「将来、国連に理想的な形が現出し、国際社会が一体となった状態での秩序を維持するような活動に日本が参加するのは、憲法第9条に照らして問題は生じないと考えられるが、朝鮮戦争等における国連軍のようなものは、そうした活動とは異なる」[58]と述べていた。ここには、米ソ間の冷戦が解消しない限り、自衛隊を国外に派遣して平和活動に取り組む

ことに慎重な姿勢が示されていた。これに対して、同時期の米国政府内部で作成された政策文書は、「日本が自国内に制限している軍事面での協力を拡大させる必要がある」、「国連の平和維持活動に自衛隊を参加させるように促すことが重要である」[59] として、日本の姿勢に対する不満を示していた。

1970 － 80 年代の戦争と日本

　1973 年 10 月、中近東でイスラエル（米国が支援する）と近隣のアラブ諸国（ソ連が支援する）との間で戦いが始まる（第 4 次中東戦争）と、アラブ諸国は、夫々が算出する石油の輸出を、米国及びその同盟国（非友好国）に禁止もしくは削減する措置に踏み切った（石油戦略）。この結果、当時の日本は、石油の 99.7 パーセントを輸入に頼っていたため、深刻な経済上の危機に直面した。

　この事態に際して、日本政府（田中角栄・首相、中曽根康弘・通産相）は、中近東からの石油の輸入を確保するため、外交の姿勢をアラブ諸国寄りに転換することを決断した。これに米国政府（ニクソン大統領、キッシンジャー大統領補佐官）は強く反対したが、日本政府は、「米国側が石油の不足分を提供するのでなければ、姿勢の転換も止むを得ない」として米国側を強く説得した。そして、米国側から「日本政府による中近東政策の修正には賛成し難いが、このような措置に踏み切らざるを得なかった立場を理解する」との声明を取り付けた上で、同年 11 月 22 日、「今後の中東情勢の推移如何では、対イスラエル政策を再検討せざるを得ない」とする、政府の声明を発表した。この結果、アラブ諸国は日本を「友好国」と認定し、石油の輸出を継続した[60]。

　さらに、1970 年代に入ると、ソ連は極東方面で外洋への進出策に乗り出し、軍部隊を増加させていった。この事態の中、日本政府（首相は福田赳夫）は米国政府（カーター大統領）との間で、「日米防衛協力の指針（旧ガイドライン）」を締結し（1978 年）、ソ連軍による日本への

侵攻に備えた。しかし、そこでは、「日本の防衛に関する憲法上の制約」を理由に、「米軍が槍（主力）で日本が盾（補助）」と役割が分担されていた[61]。

その後、ソ連軍がアフガニスタンに侵攻する（1979年12月）と、米国政府は、翌1980年の1月、国防報告を公表した。その中では、「米国がアジアに展開する戦力を、他の地域での紛争を解決するために投入する」という方針（スイング戦略）を示した上で、「沖縄（1972年に日本に復帰していた）に駐留する米軍の海兵隊及び空軍の部隊を紛争拠点に出動させる」という構想を明らかにしていた[62]。

これに対して日本の国内では、野党等から「日米安保条約の適用範囲が極東から拡大し、米軍が日本国内の基地から（アフガニスタン等）世界中どこへでも出撃できることになるのではないか」との疑問が提起された。しかし、日本政府（首相は大平正芳）は、「米軍の緊急展開部隊に日本が基地を提供するのは、直接の戦闘行動でなければ安保条約上何の問題もない」[63]との見解を表明した。このように日本は、非軍事の分野では独自の外交姿勢を示す反面、軍事面では、米国への便宜を供与し続けていた。

その後、1983年の9月、大韓航空（韓国）の旅客機が、樺太の南端付近でソ連空軍の戦闘機に撃墜された（大韓航空機事件）。これは、大韓航空機がソ連の領空内に侵入し（原因は計器の不具合という説が有力である）、これをソ連軍機が、同じ時間帯に同地域を飛行していた米軍の偵察機と誤認したのが原因とされている[64]。この事態に、ソ連政府（アンドロポフ共産党書記長）は当初、自軍による撃墜自体を認めなかったが、米国政府（レーガン大統領）は、航空機を撃墜したソ連空軍機の操縦士による交信の内容を公表して非難した。その交信を傍受したのは、北海道の稚内に設置された自衛隊の通信基地で、そこでは事件の当日、米軍の情報部隊員が対ソ諜報活動を行っており、日本政府は、傍受した交信の記録を米国政府に提供した[65]。この点について、中曽根康弘（当

時の首相）は後年、「ソ連を全世界の面前でやっつける絶好のチャンス
だ」[66] と考えたと述べており、結果として、日本の強力な対米協力を示
すものとなった。

　さらに、同時期の中近東では、イランとイラクが長期間の戦争を続け
（1980 − 88 年）、米国はイラクを支援して介入し、イランと交戦して
いた。その間、ペルシャ湾にイラン、イラクの両国によって大量の機雷
が敷設されたことにつき、中曽根首相は 1987 年 8 月、この機雷を除去
するために海上自衛隊の掃海艇を派遣することを目指した。しかし、政
府内部からは、「掃海艇にイラン側が攻撃を仕掛けてくる可能性がある」
（官房長官の後藤田正晴）という強い反対論が上がり、日本政府は、掃
海艇の派遣を見合わせる代わりに、ペルシャ湾に船舶航行の安全を図る
ためのレーダー施設の設置に参加した[67]。自衛隊の海外出動による対米
協力を進める意見は、日本の指導層内で多数派とはなっていなかった。

小結

　20 世紀前半の日本は、対外戦争による勢力圏の拡大・維持を図った。
その際には、海上大国（英国から米国に代わる）」と「陸上大国（ロシア、
後のソ連）」との対立を利用する（日露戦争、シベリア出兵）、あるいは
両大国の双方と協調する（義和団事件、第 1 次世界大戦）と、状況に応
じて手段を使い分けていた。こうした動きに両大国は警戒を強め、日本
による勢力圏拡大の抑止に乗り出した。これに日本は反発して戦争を続
け（満州事変、日中戦争、ノモンハン事変）、第 2 次世界大戦にも加わっ
た。しかし、戦争の長期化は日本の国力を低下させ、両大国に挟撃され
て敗北した。

　第 2 次世界大戦後の日本は、米国の勢力圏下に入り、国外での武力行
使を控えるようになった（国連 PKO への不参加、掃海艇による派遣の
見送り）。その一方で、米軍の活動には、基地・施設の提供及び物品の
供与等多大な支援を続け（朝鮮戦争、ベトナム戦争、中ソとの軍事緊張）、

国際紛争に関して一定程度の自主性も示した（第 4 次中東戦争への対応）。また、日本政府が直接関与しない形での戦争への協力も見られた（白団による台湾軍への協力）。朝鮮戦争時の協力について、「日本は実質的な『参戦国』と言える」[68] との指摘は、ベトナム戦争等の場合にも当てはまると考えられる。しかし、米国からの軍事面での協力を強化する要求は続き、日本はそれに応じ続けることとなった。

注

1　義和団事件については、平間洋一『日英同盟』PHP 研究所、2000 年を参照。

2　この時期の日本、英国、ロシアの関係は、横手慎二『日露戦争史』中央公論新社、2005 年を参照。

3　神野正史『世界史劇場　日清・日露戦争はこうして起こった』べし出版、2013 年、302 頁。なお、戦闘の経緯は、前掲書『日露戦争史』を参照。

4　前掲書『日英同盟』56 頁。

5　池井優『増補　日本外交史概説』慶応通信、1984 年、92 頁。

6　講和会議の経緯は、片山慶隆『小村寿太郎』中央公論新社、2011 年、168 – 179 頁。

7　前掲書『増補　日本外交史概説』101 – 102 頁。

8　青島への攻撃と対華 21 ケ条要求については、島田俊彦『関東軍』中央公論社、1965 年、24 – 29 頁、前掲書『日英同盟』129 – 130 頁を参照。

9　前掲書『日英同盟』86 – 102 頁。

10　黒野耐『参謀本部と陸軍大学校』講談社、2004 年、163 – 169 頁。

11　シベリア出兵を巡る外交関係は細谷千博『シベリア出兵の史的研究』有斐閣、1955 年、戦闘の経緯は前掲書『参謀本部と陸軍大学校』169 – 72 頁。

12　NHK "ドキュメント昭和" 取材班編『ドキュメント昭和①ベルサイユの日章旗』角川出版、1986 年、171 – 172 頁。

13　前掲書『増補　日本外交史概説』148 – 149 頁。

14　前掲書『関東軍』43 – 46 頁。

15　前掲書『増補　日本外交史概説』154 – 155 頁。

16　張作霖の殺害を巡る経緯は、大江志乃夫『張作霖爆殺』中央公論社、1989 年を参照。

17　前掲書『増補　日本外交史概説』159 – 162 頁。

18　同上、164 頁。

19　満州事変の経緯は、前掲書『関東軍』102 - 117 頁。

20　大杉一雄『日中戦争一五年史』中央公論社、1996 年、101 頁。

21　戦争の経緯は、臼井勝美『日中戦争』中央公論新社、2000 年を参照。

22　ノモンハン事変については、五味川純平『ノモンハン（上・下）』文芸春秋社、1978 年を参照。

23　交渉の経緯は、須藤眞志『日米開戦外交の研究』慶応通信、1986 年を参照。

24　有賀貞『国際関係史』東京大学出版会、2010 年、366 - 369 頁。

25　石油天然ガス・金属資源機構「石油天然ガスレビュー」2006 年 3 月。

26　黒野耐『日本を滅ぼした国防方針』文芸春秋社、2002 年、235 頁。

27　日本政府・軍部が開戦を決定する経緯は、細谷千博他編『日米関係史（全 4 巻）』東京大学出版会、1971 年を参照。

28　児島襄『参謀』文芸春秋社、1972 年、80 - 81 頁。

29　戦闘の経緯は、林茂『日本の歴史 25　太平洋戦争』中央公論社、1974 年を参照。

30　前掲書『増補　日本外交史概説』222 - 223 頁。

31　前掲書『参謀』87 頁。

32　なお、ボースは日本の敗戦後、ソ連に援助を求めて日本の陸軍機で満州に向かう途中、経由地の台湾で搭乗機の事故により死亡した。ボースについては、児島襄『指揮官』文芸春秋社、1971 年、273 - 286 頁を参照。

33　大江志乃夫『昭和の歴史 3　天皇の軍隊』小学館、1982 年、247 頁。

34　戸部良一他編『失敗の本質』中央公論社、1991 年、303 頁。

35　同上、304 頁。

36　前掲書『日本を滅ぼした国防方針』235 - 236 頁。

37　前掲書『関東軍』177 - 178 頁。

38　前掲書『国際関係史』408 頁。

39　1945 年 9 月 22 日付「降伏後ニ於ケル米国ノ初期ノ対日方針」、細谷千博他編『日米関係資料集 1945 - 97』東京大学出版会、1999 年、22 頁。

40　有賀貞『現代国際関係史』東京大学出版会、2019 年、27 頁。

41　杉村栄一編『現代国際政治資料集』法律文化社、1979 年、91 頁。

42　島川雅史『アメリカの戦争と日米安保体制』社会評論社、2001 年、85 - 87 頁。

43　大久保武雄『海鳴りの日々』第一法規出版、1976 年、229 頁。

44　大橋武夫・法務総裁の答弁。『第 12 回国会参議院平和条約及び日米安保条約等特別委員会会議録第 20 号』1951 年 11 月 16 日、25 頁。

45　志岐叡彦『年表・佐世保港』年表・佐世保港刊行会、1995 年、121 頁。

46　『朝日新聞』2018 年 8 月 11 日、2019 年 2 月 2 日。

47　同上、1956 年 12 月 19 日。

48　香西茂『国連の平和維持活動』有斐閣、1991 年、85 - 87 頁。

49　藤山愛一郎・外相の答弁。『第 30 回国会衆議院外務委員会議録第 19 号』1958 年 10 月 27 日、3 頁。

50　平松茂雄『台湾問題　中国と米国の軍事的確執』勁草書房、2005 年を参照。

51　白団については、野嶋剛『ラスト・バタリオン―蒋介石と日本軍人』講談社、2014 年を参照。

52　『第 34 回国会衆議院日米安全保障条約等特別委員会議録第 4 号』1960 年 2 月 26 日、9 頁。

53　外務省公開文書、『朝日新聞』2010 年 7 月 8 日。

54　西川長夫他編『戦後史再考』平凡社、2014 年、175 頁。

55　前掲書『アメリカの戦争と日米安保体制』104 - 112 頁、『朝日新聞』1964 年 11 月 5 日。

56　高辻正巳・法制局長官の答弁。『第 48 回国会衆議院予算委員会議録第 21 号』1965 年 5 月 31 日、6 頁。

57　前掲書『アメリカの戦争と日米安保体制』113 - 115 頁。

58　高辻正巳（前出）の発言。『第 48 回国会衆議院予算委員会議録第 17 号』1965 年 3 月 2 日、6 頁。

59　Department of State Paper "Future of Japan", June 26, 1964. National Security Files, Lyndon B. Johnson Papers, Lyndon B. Johnson Library.

60　石油戦略への対応は、田中明彦『安全保障』読売新聞社、1997 年、266 - 272 頁、服部龍二『中曽根康弘』中央公論新社、2015 年、140 - 141 頁。

61　旧ガイドラインの作成過程については、村田晃嗣「防衛政策の展開―『ガイドライン』の策定を中心に」日本政治学会編『年報政治学：危機の日本外交―70 年代』岩波書店、1997 年、79 - 95 頁を参照。

62　『朝日新聞』1980 年 1 月 30 日。

63　大来佐武郎・外相の答弁。『第 91 回国会衆議院予算委員会議録第 3 号』1980 年 2 月 1 日。12 頁。

64　事件の概要は、セイモア・ハーシュ著、篠田豊訳『目標は撃墜された』文芸春秋社、1986 年を参照。

65　前掲書『アメリカの戦争と日米安保体制』160 - 164 頁。

66　中曽根康弘著、中島琢磨他編『中曽根康弘が語る戦後日本外交』新潮社、2012 年、343 頁。

67　同上、481 - 484 頁。

68　大沼久夫（共愛学園前橋国際大学教授）の見解。『朝日新聞』2019 年 2 月 2 日。

第6章
21世紀の「海上大国」・ 「陸上大国」と日本
─国際政治の構図と戦争

1 │ 「海上大国」・「陸上大国」と冷戦後の戦争

中近東・アフリカでの戦争と米ソ（ロ）中関係

　1990年8月2日、イラク（指導者はフセイン大統領）は軍隊をクウェートに侵攻させ、同国を併合した。イラクはこれに先立ち、イランと長期間戦った（イラン・イラク戦争、1980－88年）際に米国から貸与された資金の返済を迫られており、それに由来する国力の疲弊を回復するのが、クウェートを併合した狙いにあった[1]。

　これに対して米国（ブッシュ〔父〕大統領の政権）は、クウェートと隣接するサウジアラビア（米国と安全保障上の協力関係を結んでいた）を防衛しようと、欧州・中近東・アジア太平洋諸国と多国籍軍（司令官は米軍の将官、総兵力は50万人）を結成してサウジアラビアのイラク・クウェートの国境付近に派遣し、イラクに圧力をかけた。米国のイラクに対する強硬な姿勢の背景には、クウェートの有する大きな石油資源を維持しようとの思惑もあった[2]。

　こうした事態の中で、ソ連（指導者はゴルバチョフ共産党書記長）は、米国の姿勢に協調する動きを見せていた。その前年に、ソ連政府は、地中海のマルタ島での米国政府との会談で「冷戦の終結」を発表しており

（マルタ宣言、1989 年 12 月 3 日）、イラクに対してクウェートから撤退するよう働きかけていた。しかし、ソ連はアフガニスタンへの軍事侵攻（1979 − 89 年）等で国力が低下しており、イラクは撤退に応じなかった[3]。この結果、多国籍軍はイラクに対する開戦に踏み切り、クウェートからイラク軍を駆逐し、同国は独立を回復した（湾岸戦争、1991 年 1 − 3 月）。

　このように、米国は「海上大国」として中近東に築いた勢力圏を維持し得たものの、冷戦時における軍事支出の負担から大幅な財政赤字を抱えていた。それゆえ、「湾岸戦争」に費やした 611 億ドルの 6 割はサウジアラビア等中近東諸国が負担し、米国による負担は 90 億ドルに過ぎなかった[4]。またソ連も、軍事力を行使する等の強硬な手段に訴えてでもイラクをクウェートから撤退させ得なかったことが示すように、「陸上大国」としての地位が不安定なものとなっていた。

　その後も、米国は中近東での勢力圏を維持しようと湾岸地域に軍隊の駐留を続けたが、これに対して現地では不満を抱く人々も現れた。そうした中の一派であるアルカイダ（原理主義と呼ばれるイスラム教思想を信奉する、指導者はオサマ・ビン・ラディン）は、アフガニスタン（タリバーン〔イスラム原理主義の団体〕が支配する政権）を拠点として米国に対するテロ攻撃を繰り返す中、2001 年 9 月 11 日、米国で民間の旅客機を乗っ取り、ニューヨークの高層ビルやワシントンの国防総省に自爆攻撃を行った（9・11 テロ）。

　これに対して米国（ブッシュ〔子〕大統領の政権）は、自国を守るために「テロとの戦い」を宣言し、アフガニスタンにビン・ラディンを引き渡すよう要求した。しかし、同国がこれを拒否したため、米国は英国等自らと同盟する国々（有志連合）と共同でアフガニスタンに出兵し（2001 年 10 月）、同年末にはタリバーン政権を崩壊に追い込んで、親米政権を樹立した（対アフガニスタン戦争）。この時、ロシア（指導者はプーチン大統領、ソ連が 1991 年に解体した後、国際関係での地位を

継承していた、詳しくは後述する）は、米国が対テロ戦争で中近東に勢力圏を広げるのを警戒したものの、イスラム原理主義勢力が自国にも侵入するのを抑えることを狙い、米軍がウズベキスタンやタジキスタン（アフガニスタンに隣接する旧ソ連の構成国）に駐留するのを認めた[5]。

　これに続いて米国は、「イラクが大量破壊兵器を保有している」と主張した上で、「国際関係の平和に対する脅威を取り除く」ために、イラクに対して武力による制裁を加えようと企てた。これにロシアは、「米国の主張を裏付ける明確な証拠が乏しい」として反対したものの、米国は2003年の3月、英国と共にイラクへの軍事行動に踏み切った（対イラク戦争）。これによってイラクのフセイン政権は崩壊し（フセイン大統領は逃亡後に発見され、2006年12月に処刑された）、米国は同国にも親米政権を樹立した。ロシアが対アフガニスタン戦争と一転して米国と対立した背景には、イラクで握っていた石油を採掘する権利を守ろうとする狙いがあったとされている[6]。

　このように、米国とソ連＝ロシアは、戦争による勢力圏の拡大を巡って対立と協調を繰り返していた。そのような中、2003年にアフリカのスーダンでは、同国政府と同国のダルフール地方を拠点とする反政府勢力とが武力紛争に突入した（ダルフール紛争）。これに対して米国は、スーダン政府による反政府勢力への虐殺行為を問題とし、国連の安保理に働きかけて、スーダンが石油を輸出するのを禁止する等の経済制裁を可決した（2005年）。こうした状況下、中国は、国連がスーダンに送ったPKO部隊に参加する一方で、スーダンから石油を購入し、その代金によってスーダン政府が武器を購入する際の便宜を図っていた[7]。中国はソ連＝ロシアの「陸上大国」としての立場が揺らぐ中で、他国の戦争に介入して勢力圏の拡大に乗り出していた。

東欧・旧ソ連圏での戦争と米ロ関係

　一方、ソ連は米国と「冷戦」を終結させたものの、国力の低下から国

内の統一が困難となった結果、1991 年の 12 月、ロシアの他にバルト三国及び東欧・中央アジアの諸国へと解体した。そして、このようなソ連の弱体化に伴い、ワルシャワ条約機構も、同年の 10 月に解散していた。

　さらに、東欧のユーゴスラヴィア（ソ連からは独立した立場を採っていた）では、1990 年代に入って国内の諸民族が分化する動きを示していた。その中で、セルビア（指導者はセルビア人のミロシェビッチ大統領）では、コソボ州（アルバニア人が多く住む）の併合を強行しようとしたことにコソボ側が反発して独立を宣言した（1991 年 9 月）。これを契機に、ユーゴは内戦状態から各民族を中心とする国家へと分裂し[8]、セルビアはコソボの独立を阻もうと、1998 年、軍事力の行使に踏み切った（コソボ紛争）。

　そして、セルビア軍がコソボ州のアルバニア系住民に対する残虐な行為に及ぶと、米国（クリントン大統領）及び西欧諸国はこれを問題視し、NATO 軍によるセルビアへの軍事行動を開始した。これに対してセルビアはロシア（エリツィン大統領）に支援を求めて事態の収拾を図ったが、米国とコソボ側は、1999 年 3 月 18 日、「NATO 軍がコソボを統治する」ことを基本とする調停案（ランブイエ合意）に署名した。しかし、この調停案の受け入れをセルビアが拒否したため、NATO 軍は翌 1999 年 3 月、紛争を収拾する目的での軍事力の行使に踏み切り、セルビアの首都ベオグラードをはじめとする同国の重要な拠点に爆撃を加えた。これに対してロシアは、空爆が国連安保理の承認を得ていないことから非難したものの、米国との関係が悪化するのを望まず、調停案に修正を加えた上で、セルビアを説得して受諾させ[9]、NATO の主導する平和維持軍がコソボに駐留することとなった。このように、米国とロシアは結果として、旧ユーゴでの紛争を共同で収拾する形となっていた。

　他方、旧ソ連圏では、9・11 テロ（前出）後、米国の軍隊がウズベキスタン、キルギスタン、グルジア（現在のジョージア）に駐留し、対テロ戦争を遂行した。これに対してロシア（プーチン大統領）は、自ら

がチェチェン共和国（ロシア国内のカフカス地方に位置し、グルジアと隣接する）の独立運動（イスラム過激派〔前出〕から支援を受けていた）を「テロ対策」と主張して攻撃しようとの狙いから米軍の展開を容認した。このことは、さらに米国にとって、後のイラクへの攻撃（前出）やイランに対抗するための軍事手段の行使が容易になるという利点も生んでいた。実際、ロシアは 2002 年 9 月にグルジアに対し、「テロ対策」を掲げて武力攻撃に踏み切る旨の最後通牒を出し、その際、米国のブッシュ大統領は、「テロ対策のためなら、いかなる例外もあり得る」と、この最後通牒を容認していた[10]。

　一方、グルジアは、NATO への加盟を求めるなど米国に接近する姿勢を示し、これにロシアは強い警戒心を抱いていた[11]。そうした中で 2008 年 8 月、グルジア国内の南オセチア自治州（親ロシア勢力が強く、グルジアからの分離・独立を志向していた）とグルジア政府との間で武力衝突が始まった（南オセチア紛争）。これにロシア（メドベージェフ大統領とプーチン首相）は南オセチアを支援するために軍事介入してグルジア軍を攻撃し、大打撃を与えた。さらにグルジア国内のアブハジア自治共和国（黒海沿いに位置し、親ロシア派が多数を占める）でも、同月の 10 日にアブハジア軍がロシア軍の支援を受けてグルジア軍と戦って駆逐した。そして、同月 26 日、ロシアは南オセチア及びアブハジアのグルジアからの独立を承認した。

　この紛争に対して米国は、海軍の艦艇を黒海の沿岸に派遣してロシアを牽制した。その一方で、米国はイランと対抗する上でロシアとの協力が欠かせず[12]、軍事力を行使してグルジアの領土を保全するような行動には踏み切らなかった。実際、武力紛争の勃発する直前、米国はグルジアに、「グルジア軍はロシア軍に太刀打ちできない」と伝え、ロシアとの衝突を回避するよう働きかけていた[13]。またロシアも、米国によるグルジアへの支援を非難する一方、NATO 軍がロシアの領土内を経由してアフガニスタンに対テロ戦争用の物資を輸送することに協力し続けて

いた [14]。

さらに 2014 年、ウクライナの国内で親ロシア派と親西欧派の対立が激化すると、ロシア（プーチン大統領）はこれに乗じて、同年 2 月にクリミア半島（旧ソ連時代の 1954 年、ロシアからウクライナに移譲されていた）に軍隊を派遣して占領し、翌 3 月には自国に併合した。この事態に米国（オバマ大統領）はウクライナ政府を支援するための法案を可決し、同国への 10 億ドルの債務を保証する他、ロシア政府関係者への資産の凍結・渡航の禁止という制裁に踏み切ったものの、クリミア半島の併合を無効化するために軍事力を行使することはなかった。

東アジア・南シナ海での戦争と米中関係

1991 年、米国はフィリピン（第 2 次世界大戦後、米国の植民地から独立した後も、米国と同盟関係にあった）の間に結んでいた安全保障条約をフィリピン側の希望により破棄し、翌 1992 年に同国から米軍を完全に撤退させた。それ以降、中国は南沙諸島（南シナ海のフィリピン沖合に位置する）への支配を強化して海軍の艦艇を航行させ始めた。米国とフィリピンはこれを脅威と捉え、1998 年に新たな取り決め（米軍寄港協定）を結び、米軍が再び南沙海域に進出して中国への抑制に乗り出した。

しかし、その後も中国は南沙諸島で滑走路の建設等軍事拠点化を続け、これを米国は 2015 年 8 月、国際会議（ARF ＝ ASEAN 地域フォーラム、東南アジア諸国連合〔ASEAN〕と日米中韓等が参加国）で非難し、活動の停止を求めた [15] ものの、中国を抑えるための軍事力の行使には踏み切らなかった。そして中国も、米国やフィリピン等との軍事衝突には至らなかった。

他方、1996 年 3 月、台湾で総統を決める選挙が行われた際、中国は現職の李登輝（台湾の自主独立路線を志向していた）が再選されるのを好まず、台湾海峡で人民解放軍による演習やミサイルの発射実験を行

い、台湾側を威嚇した。これに対して、米国（1979 年に中国と国交を
結び、台湾と断交していたが、同年に台湾関係法を制定し、台湾への自
国の防衛目的に限った武器の提供や安全保障行動の実施を決めていた）
は、同海峡に海軍の空母等を派遣して中国を牽制し、選挙の結果、李登
輝は再選した。その一方、米国は第 7 艦隊に所属する艦艇を上海に寄港
させ、中国との関係が悪化するのを望まない姿勢を示した [16]。

　その後、2001 年の 4 月、南シナ海の上空で米海軍の電子偵察機が中
国空軍の戦闘機と接触して海南島に緊急着陸し、乗組員が中国側に抑留
された（海南島事件）。これは、米軍機が中国の防空識別圏（領空に他
国の航空機が侵入する前に警告をあたえる目的で設置する）に侵入した
のを中国軍機が航路を変更させようとしたものの、米軍機がこれに従わ
なかったことが原因との見方があり [17]、中国政府は戦闘機の搭乗員が接
触により行方不明になったことから米国側を強く非難し、賠償の請求も
示唆した。これに対して米国政府は、機体及び乗組員を返還するよう中
国側に強く要求し、海南島の周辺に海軍の艦艇を派遣して圧力をかけた
ものの、両国関係の悪化を望んでいなかった [18]。その後、米国政府は中
国政府に宛てた書簡で事態を謝罪し、中国側も偵察機の機体及び乗組員
を米国に返還して事態を収拾した。

　さらに、中国では 2009 年の 7 月、新疆ウイグル自治区（18 世紀に清
が版図に収めた、第 2 章を参照）のウルムチで、ウイグル族（同自治区
に多数居住する）が漢族（中国を歴代支配し、共産党の指導部も握る）
からの支配及び差別に反対して大規模な抗議行動に及んだ（ウイグル騒
乱）。これに対して中国政府は治安部隊を投入して同月中に鎮圧し、そ
の際に多数のウイグル族が死傷した [19]。こうした事態に米国のクリント
ン国務長官は、同月 7 日、「（新疆の）事態を憂慮しており、中国政府と
ウイグル双方の自制を求める」[20] 旨の声明を発表したものの、軍事力等
により事態の収拾に踏み切ることはなかった。

　このように、米中両国は、勢力圏を拡大するために軍事力を行使する

のも辞さなかった半面、双方及びその同盟国が支配する領域に軍事介入することを控え続けていた。そうした中、北朝鮮は、1990年代に入ると国威の発揚を目指して核兵器の開発に乗り出し、米国がこれに反発して一時は軍事衝突の瀬戸際に至り（1993 – 94年）、また、韓国とも朝鮮半島の沿岸で武力衝突を繰り返していた。

そして、2010年11月、北朝鮮軍が韓国の延坪島を攻撃して住民に死傷者が出る（延坪島事件）と、米国は中国に、「北朝鮮が（韓国に対する）挑発行動を自制するように促す」ことを強く要求した[21]。これを受ける形で、中国外務省は翌12月、「北朝鮮と韓国の双方が冷静さと自制を維持し、慎重に対処することを望む」との声明を発表し、同国の高官が訪朝して金正日・総書記（当時、北朝鮮の最高指導者）と会談した。この会談について、新華社（中国の国営通信社）は、「（中朝両国が）重要な共通認識に達した」と発表した[22]。これに先立ち、中国政府の高官は同年6月、北京市内で米国大使館の幹部に「北朝鮮が核実験を繰り返すのは度を越しており、それを我々が抗議しても効果がなく、北朝鮮を動かすことができるのは米国だけだ」[23] と語ったとされ、米中両国が北朝鮮による軍事行動・挑発を強調して抑えようとする姿勢が浮かび上がっていた。

以下、前章までの事例も踏まえて、「海上大国」と「陸上大国」が戦争を通して国際政治を主導していた構図の特質を検討してみたい。

2 国際政治の構図(1)—「海上大国」・「陸上大国」と戦争

「海上大国」・「陸上大国」にみられる戦争上の特質

国際政治を「『海上大国』と『陸上大国』が戦争という手段を通じて主導する」という構図に関しては、以前の各章で引用したマハン、マッキンダー等、様々な研究が挙げられる[24]。しかし、両大国の関係と現実

の戦争及び国際政治とが相互に及ぼす影響に関しての実証に基づく分析
は、C・シュミット（20世紀ドイツの公法・政治学者）が「世界史は陸
の国に対する海の国のたたかい、海の国に対する陸の国のたたかいであ
る」[25]と指摘したものの、近世欧州での戦争の経緯を記したのみで、そ
こから抽出した要素を理論化する作業に十分及んでいるとは言い難い。

　また、「海上大国」及び「陸上大国」夫々の定義も、その形態・行動
上の傾向を列挙するものが大半で、明確にされているとは言い難い。そ
うした研究を集約した成果の中には、「海上大国」を「海上での戦力に
よって広範囲な海上での自由な活動を確保すると共に敵対国の航行を妨
害・阻止し得る能力を持つ」[26]、「陸上大国」を「陸上での戦力によっ
て大陸の大部分及びその住民を支配する権力を持ち、海上大国と対決す
る」[27]と夫々定義がなされている。この稿では、両大国の特質を、研究
の目的である戦争及び国際政治との関係から定義付けるものとしたい。

　第一に、「海上大国」と「陸上大国」は、夫々他の国及び地域を圧倒
するに足る海上・陸上での戦力を保有する存在である。古代ギリシャの
都市国家とローマ帝国が地中海の一帯を勢力圏に収めた背景には、夫々
が近隣の国家・部族を上回る海上での戦力を築いたことにあったのは、
ほぼ疑い得ない。これに続いて英国と米国が、太平洋・大西洋・インド
洋を支配するという意味で本格的な「海上大国」となったのは、他国を
凌駕する巨大な海軍を保有したのが大きな要因と言えた。また、モンゴ
ル帝国とロシア（ソ連の時代も含む）がユーラシア大陸の中心部を勢力
圏に収めて本格的な「陸上大国」を築いた最大の要因は、やはり他国・
他民族を大きく上回る陸上の軍事部隊を備えたことにあったのも異論を
挟むのが困難と思われる。

　第二に、両大国は共に、外部からの武力攻撃に対して自衛するのが容
易な立地条件に置かれている。まず、「海上大国」の場合、英国は、古
代のローマ帝国による侵攻や英蘭戦争でのオランダ艦隊による首都ロン
ドンへの砲撃、第2次世界大戦時のドイツによる空襲を除き、自国の本

土への軍事攻撃をほとんど受けていない。また、米国も、18世紀の独立戦争、20世紀の日本海軍によるハワイへの攻撃、21世紀の9・11テロを除いて、軍事攻撃を受ける脅威に直面した事例は少ない。他方で、ローマ帝国は、イタリア半島に首都等の中心部が位置していたため、カルタゴ軍の侵攻（ポエニ戦争）を受け、さらにはゲルマン人諸部族の侵入が原因で滅亡した。次に「陸上大国」の場合、ロシアは（帝国となる以前にモンゴル族からの攻撃・支配を受けたものの）、フランス（ナポレオン）やドイツ（ヒトラー）からの侵略が、両国とも広大な戦場で長期間戦って軍事力を消耗したために頓挫した結果、敗北を免れていた。他方で、秦や漢は、中国の北部に支配の拠点を置いたため、匈奴や突厥の脅威に絶えずさらされたことが衰退を速めた要因だったことは否定しきれない。

　第三に、両大国は共に、広大な領土及び勢力圏を維持するための確固とした安全保障の枠組みを備えていることが重要と考えられる。この点に照らし、古代ギリシャの都市国家では、全体の安全を守るための組織（デロス同盟、ペロポネソス同盟）が脆弱だったことが衰退する大きな要因となった面が強い。また、十字軍も、それを構成したローマ教皇・西欧諸国・諸侯等の連携が不十分だったことが、古代ローマ帝国に続く新たな「海上大国」の建設に至らなかった理由の一つと考えられる。さらに、遊牧民族の建てた国家（匈奴、突厥、ティムール帝国）も、支配した領域の安定化を図るための統治機構が不十分だったことが、衰退した大きな一因と指摘し得る。

「海上大国」・「陸上大国」の戦争を巡る関係

　第一に、「海上大国」・「陸上大国」は共に、外部の軍事面で脆弱・不安定な国家・地域を狙って、戦争による勢力圏の拡大を試みる傾向が見られる。実際、中南米のアステカ帝国やインカ帝国は、火力を用いた破壊力の大きい武器を備えていなかったため、スペインに制圧されてい

た。また、中国がモンゴル族の軍事侵攻を受けた時分は、当時の宋が弱
体化し、モンゴル族のみならず満州族（金）の脅威にもさらされていた。
原彬久教授は、国家が自らの主権を「あらゆる意味において正当化する」
ため、その主権を「守護するための装置としての暴力、すなわち軍事力
（及び警察力）と常に合致してきた」[28]と述べており、この点に照らし
て、両大国は安全と繁栄を図る目的から勢力圏を広げようと戦争に及ん
だことは否定し難い。

　そして、軍事面で脆弱・不安定な国家・地域は、東欧やバルカン半島、
中近東を経て南・東南アジアの沿岸に多かったため、この一帯は、両大
国による勢力圏を巡る争いの主舞台となっていった（十字軍とモンゴル
帝国との対立、18世紀の欧州での戦争、ギリシャ独立戦争、エジプト・
トルコ戦争、第2次世界大戦前の中国での内戦、中東戦争、中台紛争）。
さらにアフリカでは、多くの国々が20世紀の後半に独立し、政情が不
安定で領域も未確定な状態に置かれている。それゆえ、両大国は、この
一帯にも勢力圏の拡大を目指して軍事介入の矛先を向けている（コンゴ
動乱、ダルフール紛争）。

　第二に、両大国は、勢力圏の維持・拡大を巡る戦争において、対立す
るばかりでなく協調に踏み切る事例が散見される。対立の場合は、直接
の戦闘に及ぶ（クリミア戦争）他、一方の大国が戦う相手を（自らは戦
わずに）武器の提供等で支援する（米国の独立戦争、北方戦争、露土戦
争）、あるいは他国を支援して戦わせる（朝鮮戦争、ソ連によるアフガ
ニスタンへの侵攻、イラン対イラク戦争）。20世紀以降、両大国が直接
戦うのを控えるようになった背景には、武器の破壊力が増したことや「核
抑止」の定着が要因と指摘し得る。

　また、両大国は、双方の勢力圏や立場を脅かす第三国（及びこれに準
ずる集団）が現れた場合、協調してこれと戦い、双方の利益を守る傾向
も見られる（ナポレオンによる勢力圏拡大戦争、義和団事件、第1次・
第2次世界大戦、対テロ戦争）。L・デヒーオ（20世紀ドイツの歴史学者）

は、「英露両国が協力してフランス（ナポレオン）による勢力圏拡大戦争を抑えた」[29]と指摘しているが、これは他の時代・地域にも妥当し得るように推察される。実際、米国のルーズヴェルト大統領は、ソ連への武器貸与を決定した際、「米国による対ソ支援の代償は、ロシアが行う防衛活動のもたらす米国の安全保障への貢献である」[30]と位置付けていた。その一方で、こうした第三国を利用して互いの勢力圏拡大を抑える事例もある（ローマ帝国・フン族・ゲルマン諸部族の関係、東ローマ帝国・突厥・ササン朝ペルシャの関係、ロシア・清・ジュンガル部の関係、第2次世界大戦前の英米ソとドイツとの関係、国共内戦やレバノン危機、ベトナム戦争での米ソ中の関係）。

　これに加えて、両大国は相互の利益や勢力圏の安定を図るため、他国・地域の戦争・武力紛争を協調して解決する（スエズ動乱、湾岸戦争、コソボ紛争、延坪島事件）。例として、スエズ動乱の際、ソ連のブルガーニン首相は、米国のアイゼンハワー大統領に宛てた書簡で、戦闘を停止させる目的での米ソ両国による共同軍事行動を提案した上で、「もし、この戦争を抑えられなければ、第3次世界大戦に発展する可能性がある」[31]と言及していた。さらには、他方による戦争を講和する労を担う（英国と清が阿片戦争及びアロー号事件を講和する際にロシアが仲介した）。付言すると、15世紀のロシアがバルト海沿岸に軍事侵攻した際に英国から武器を購入していたことは、後の「海上大国」・「陸上大国」間の協調を示唆するようで興味深い。

　第三に、両大国は、夫々が確定した勢力圏の内部で発生した戦争・武力紛争には、基本的に介入しない姿勢を取る（19世紀欧州でのベルギーの独立とポーランドの独立運動に対する英露の不介入、米国によるチリの内戦への介入、ソ連及びロシアによる東欧・旧ソ連圏諸国への軍事介入、中国政府によるウイグル族の独立運動への弾圧）。そして互いの領域を侵害したような事態には、武力紛争を回避して収拾を図る（キューバ危機、U2型機事件、西ベルリンへの封鎖、海南島事件）。こうした傾

向に関連して、「米国の指導者たちは、(ハンガリー動乱に関して)いく
ら良心に痛みをもたらすものであっても、米国の安全保障上の国益には
直接の影響を及ぼさない、このような問題に対して米国人の生命を危険
にさらすことを望まなかった」[32]、「米国は(ソ連による東欧への軍事
介入に)口先ばかりの非難を繰り返すのみで、本音ではむしろ民族主義
に起因する東欧の騒擾が欧州の安定を脅かすことを危険視していた」[33]
との分析がなされている。また、ソ連には自ら直接支配する「支配圏」
と間接的な支配を及ぼす「影響圏」が存在するとした上で、「他国は(ソ
連の)間接的な支配に対する行動を手控える」[34]との指摘もある。

　結局、米国もソ連=ロシアも、夫々の掲げる「モンロー宣言」と「ブ
レジネフ・ドクトリン」に沿う形で国外での戦争に関与する姿勢を決め
ていたのが実態であり、中国政府も、国内での紛争への武力による鎮圧
を米国が批判するのを「内政への干渉に当たる」[35]と拒む姿勢を崩して
いない。こうした傾向は、「海上大国」・「陸上大国」の全てに共通して
見られるものと考えられる。

「海上大国」・「陸上大国」の戦争による交代

　以上述べたように、「海上大国」と「陸上大国」は、戦争によって勢
力圏を拡大し、国際政治を主導する立場を握る。しかし、そうした戦争
の遂行や勢力圏の維持によって、国力が限界に向かっていくのが常のよ
うである。

　まず、スペインとフランスは、欧州大陸での戦争に深く介入したた
め、海軍に加えて陸軍も大規模な動員を余儀なくされた。また、オラン
ダは本来十分な海軍力を備えていなかったのが原因で、海上及び植民地
を支配するのが困難となっていった。英国は、こうした国々との戦争に
勝利し、三つの大洋と広大な植民地を勢力圏に収めた。しかし、ロシア
やドイツを抑えるために植民地への膨大な陸軍の駐留及び海軍の増強を
続け、ついにはロシア(及びソ連)と結んでドイツの勢力圏拡大を阻ん

だものの、国力を大きく消耗して「海上大国」の座を失った。

　次に、唐やモンゴル帝国は、ユーラシア大陸に大きな勢力圏を築いたものの、それを維持するための軍事費の負担に耐え切れずに、衰退・滅亡した。また、明は海上にも勢力圏を広げようと海軍力の増強に乗り出したものの、これが国家の財政に大きな負担をもたらしたため、国力の低下を招いて滅んだ。続いてロシアは、巨大な陸軍を動員し、モンゴル帝国以来ユーラシア大陸の中心部を支配する国家を築き上げた。しかし、英国のみならずドイツとの勢力圏を巡る争いから陸軍に加えて海軍の増強も強いられ、これが国力に大きな負担を課していった。そして、英国と結んでドイツと戦った結果、軍事力に甚大な打撃を受け、国家として崩壊した。

　その後、米国は英国に代わって「海上大国」の座に就き、ソ連の勢力圏拡大を抑えるため、三大洋に海軍を展開し、ユーラシア大陸の沿海部に陸軍を駐留させた。これに加えて、中近東・東南アジア・極東の各国と同盟を結び、こうした地域の内紛に介入してソ連による進出を抑えにかかった（ベトナム戦争）。一方、ソ連（革命でロシアから代わる）は、ドイツを破って再び「陸上大国」の座を回復し、東欧を再び勢力圏に収めて大規模な陸軍を配備した。さらには、対ソ抑止を強める米国に対抗するため、海軍による大洋への進出を企てるのみならず、進出する際の拠点を確保しようと軍事力の行使も辞さなかった（アフガニスタンへの侵攻）。

　しかし、こうした戦争への度重なる介入や関与は、両大国にとって次第に大きな負担となっていった。さらに、20 世紀の後半以降、国家以外の武装集団（ベトコン、アフガニスタンの義勇兵、イスラム過激派等）との争いは、従来の国家間戦争より相手の制圧・講和が困難になると同時に長期化し、これが両大国の軍事力をさらに消耗させる事態に繋がった。実際、ソ連はアフガニスタンへの軍事侵攻から撤退に至るまでに 70 万人余りの兵力を投入して 1 万 5 千人が亡くなり、戦費は 7 百億

ドルに及んだ[36]。また、米国が対テロ戦争に計上した費用は2008年度で1千8百59億ドルに達し、同年度の財政赤字4千5百86億ドル中4割を占めていた[37]。一方、中国はロシアの勢力圏が後退した後、南シナ海方面への軍事進出を続ける他、ロシアや中央アジアの旧ソ連圏諸国と上海協力機構（2001年）を結成し、勢力圏の拡大及びその治安の維持を強化している。他方で、国防費は2012年度で6千7百2億元（約8兆7千億円に相当）と前年度比で約1割増加しており[38]、新たな「陸上大国」を目指す動きも示している。こうした中、ウイグル族の独立を目指す一派が、イスラム過激派の流れを組む武装組織（IS＝イスラム国）に参加し、国外で中国政府への反対運動を展開しているとの報道もあり、中国政府はこれを強く警戒している[39]。

　最後に、「海上大国」と「陸上大国」が戦争を通じて国際政治を主導する構図の中で、日本がどのように戦争と関与してきたのかを、1990年以降の時期を振り返った上で、考察してみたい。

3 ｜ 国際政治の構図(2)─日本と戦争

1990年代の戦争と日本

　1990年8月にイラクがクウェートに侵攻し、中近東で軍事危機が高まると（前述）、米国は日本に、危機の解決に向けて協力を要請した。これを受けて日本政府（首相は自民党の海部俊樹）は同年10月、国連平和協力法案を作成し、国会に上程した。同法案は、自衛隊が武力の行使をせずに多国籍軍への物資の補給等で協力することを目指していた。こうした動きは、小沢一郎・自民党幹事長等が、「自衛隊は憲法第9条の下でも国連による平和活動に参加するのが可能であり、そうしなければ米国は納得しない」と強く主張したことが背景にあった[40]。

　しかし、国会では野党から「日本が戦争に巻き込まれる」という強い

反対の声が上がり、自民党の内部からも、後藤田正晴（中曽根内閣で官房長官を務めた、自民党内の重鎮）らが、自衛隊の海外出動への慎重な意見を米国側に伝えていた[41]。また、海部首相自身も自衛隊を海外に派遣することに消極的な姿勢を示していた[42]。これに加えて、国会では衆議院が自民党、参議院では野党が多数派を分け合う状態にあったことも影響し、国連平和協力法案は不成立に終わった。

　結局、翌 1991 年の湾岸戦争時、日本は自衛隊を中近東に派遣せず、多国籍軍への財政支援として総額で 130 億ドルを拠出した。そして、クウェートは独立を回復した後、米国の有力紙に広告を掲載し、米国等多国籍軍に軍隊を派遣した国々への感謝を述べた。しかし、日本に対しては、「自衛隊を出すなどして直接助けてくれなかった」として、国名を挙げていなかった。このことを「何事も金で済まそうとする者を誰も尊敬しない」[43]と捉えた日本政府は、戦争が終結した後の同年 4 月、戦後の処理策として海上自衛隊の掃海艇をペルシャ湾に派遣した。

　同じ年の 9 月、日本政府は、国連 PKO 法案を作成し、国会に提出した。この法案は、自衛隊が国連の PKO（平和維持活動）に参加し、その際には「憲法で禁ずる『武力の行使』には至らない必要最小限の範囲で武器を使用する」としていた。この時、国会では法案への賛成が自民党をはじめ多数を占めたため、翌 1992 年の 6 月に成立した。同法の成立に対し、米国政府は、「日本にとって極めて画期的な成果であり、今後日本が、国際社会での役割を増大させることを期待し、歓迎する」[44]と評価していた。

　そして翌 1993 年の春、自衛隊は国連が東南アジアのカンボジアに派遣した PKO に初めて参加した。その際、自衛隊と共に PKO に加わった警察及び民間ボランティアが現地の武装勢力に襲撃されて死傷した。日本の政府内部では、PKO からの撤収を検討すべきだとの声も上がったが、宮澤喜一・首相が「国連の委託を受けてやっている仕事が、たまたま人が 1 人死んだからといっておしまいということでは、とても世界

に通るものではない」[45]として活動を継続した。

　その後、1996年に中国と台湾の関係が緊張すると、同年4月、日本政府（総理大臣は橋本龍太郎）は米国政府と「日米安保共同宣言」を発表した。同宣言は、「日米両国間に既に構築されている緊密な協力関係を増進するため、日米防衛協力のための指針（旧ガイドライン、1978年）の見直しを開始する」との方針を示していた。そして、これに基づき、日米両国政府は1997年の9月、「日米防衛協力のための新指針（新ガイドライン）」を完成した。そこでは、「日本周辺地域での事態で日本の平和と安全に影響を与える事態に際し、日米両国が協力してこれに対応し得る体制を構築すること」を最も重要な目的として掲げた。その際、橋本首相は、沖縄県宜野湾市にある米軍普天間基地を日本に返還する決定を優先して進め（沖縄県には米軍の基地が集中し、県民の不満が高まっていた）、日米防衛協力の強化に対する日本国内の反発を緩和しようと考えていたとされる[46]。

　さらに1999年5月、日本政府（首相は小渕恵三）の提案による周辺事態法が、国会で成立した。同法は、新ガイドライン（上記）の内容に実効性を付与するためのもので、「日本周辺の地域における日本の平和及び安全に重要な影響を与える事態（周辺事態）への日米防衛協力」を定めていた。その上で、日本の役割としては、「日本の領域並びに現に戦闘が行われていないと同時に（日本が）活動する期間中に戦闘行動が行われることのない地域（非戦闘地域）で、米軍に食料・燃料等の物資を供給（後方支援）する」と、自衛隊が米軍と共に軍事力を行使するとは記していなかった[47]。

2000年代の戦争と日本

　2001年、米国が「9・11テロ（前出）」を受けた後に「テロとの戦い」を宣言すると、日本政府（首相は小泉純一郎）はこれに支持を表明し、政府の提案によるテロ特措法が国会で成立した。同法は、米軍による対

テロ戦争の際、日本が「非戦闘地域で物資の補給等により支援する」と規定しており、これに基づいて、自衛隊がインド洋の沖合で米軍等への給油・給水活動を開始した。

さらに、米国は 2003 年、対イラク戦争（前出）でイラクの国土をほぼ制圧した後、イラクの戦後復興支援への協力を日本に要求した。これに応ずる形で、日本政府の提案によるイラク復興支援法が国会で成立した。これもまた、米軍（及びこれに協力する英軍）によるイラクでの治安維持活動に、日本がテロ特措法と同様、「非戦闘地域」で支援するという内容を取り決めていた。そして同法に基づき、自衛隊は 2004 年にイラクでの支援を開始し、死傷者もなく、2008 年に活動を終了した。

こうした日本による対米支援の背景には、米国側からの「Show the flag（旗を見せてほしい＝米国の味方であるとの意思表示）」[48]、「Boots on the ground（陸上に部隊を派遣してほしい）」[49] という強い要請があった。しかし、イラクでの支援現場では、自衛隊の宿営地がロケット弾で攻撃されるような事態も発生していた[50]。

続いて 2009 年、日本政府（首相は麻生太郎）は、海上自衛隊の艦船を北アフリカのソマリア沖合での海賊の取り締まり対策に派遣した。同海域での海賊はイスラム系の勢力から武器・弾薬の供給を受け[51]、その対策には米国等 NATO 加盟国も参加しており[52]、海賊対策への参加は、実質上対米軍事協力の色彩を帯びていた。自衛隊の対策活動は当初、自衛隊法に定める海上警備行動に準拠していたが、日本政府の提案による海賊対処法が同年 6 月に国会で成立し、以後、自衛隊は同法に基づいて海賊の取り締まり対策を継続した。

そして同年の 9 月、自民党に代わって民主党を中心とする内閣（首相は鳩山由紀夫）が成立した。民主党は自民党の政権が実施していたインド洋での給油・給水活動（テロ特措法及びその後継としての補給支援法〔2008 年〕に基づく）を「国連の決議に拠らない」として中止する方針を表明しており、これに対して米国政府からは、活動の継続を求める

声が上がっていた⁵³が、結局、給油・給水活動は翌 2010 年 1 月、補給
支援法の期限切れによって終了した。そして、日本政府はその代替策と
して、アフガニスタンの警察に年間 1 億 2 千 5 百万ドルの支援を決定し
た。しかし、こうした対応に、米国政府の内部では、「今最も厄介なの
は中国でなく日本」⁵⁴との強い懸念が上がっていた。

　その一方、続く民主党の内閣（首相は野田佳彦）は、翌 2011 年 11 月、
アフリカの南スーダン（内戦を経て同年の 7 月にスーダンから独立し
た）での国連 PKO 活動に陸上自衛隊の施設部隊を派遣すると決定した。
米国は、スーダンでの内戦の収拾や南スーダンの建国に深く関与してお
り、PKO への参加は、対米協力という側面を持っていた。また、民主
党政権の下でも、自衛隊による海賊対処活動は継続していた。

　さらに、2012 年の 12 月、民主党に代わって自民党を中心とする内閣（首
相は安倍晋三）が成立した。安倍内閣は 2015 年の 4 月、新ガイドライ
ン（前出）を改め「改定新ガイドライン」を決定した。そこでは、適用
する範囲を「新ガイドライン」での「日本周辺」から「アジア太平洋地
域を含めた全地球的規模」に広げた上、自衛隊と米軍が「平時から緊急
事態まで切れ目のない安全保障活動」を行うとして、日本による協力を
機能・範囲の両面で拡大していた⁵⁵。

　続いて同年の 9 月、日本政府の提案による一連の安全保障関連法が国
会で成立した。これは、改定新ガイドライン（上記）の内容に実効性を
付与するためのものであった。その中の国際平和支援法は、「国際社会
が、その平和及び安全に対する脅威を取り除くために、国連憲章の目的
に従って共同で制裁する活動」に日本が「非戦闘地域で協力支援活動を
行う」と規定していた。また、重要影響事態法は、周辺事態法（前出）
を改定し、「米軍が（日本の周辺に限らない地域で）日本の平和及び安
全に重要な影響を及ぼすような（重要影響）事態に対処する」際、日本
が、やはり「非戦闘地域で後方支援を行う」旨を定めていた。そして米
国政府は同法の成立を受けて、「日本が（日米の）同盟を強化し、地域・

国際社会での安全保障行動において、より積極的な役割を果たそうと努力しているのを歓迎する」と評価していた[56]。

　こうして自衛隊による国際平和活動への支援は、一層拡大する仕組みが形成された。一方、その同時期、米国等西側諸国は、中近東のシリアでのイスラム国（前出）による勢力圏の拡大を阻止しようと大規模な空爆を続けていた。これに対して日本政府は、「（空爆は）事態の深刻さを食い止める措置として理解している」[57]と発言したものの、自衛隊の出動による支援には踏み切らなかった。

日本と戦争との関係

　以上の事例を検討すると、日本と戦争との関係については、次の点が指摘し得ると考えられる。

　第一に、日本は、①「海上大国」や「陸上大国」が弱体な場合、②両大国との外交関係を巧みに利用した場合に、戦争によって一定の成果を得ている事例が見られる。①の場合として、倭国による朝鮮半島への軍事進出（当時の中国大陸は小国が乱立し、「陸上大国」が事実上不在だった結果、東アジア地域の全体が不安定であった）や満州事変（ソ連は国内が混乱し、英米両国も世界恐慌への対策に追われて対外安全保障政策に取り組む余裕を欠いていたのに乗じ、満州国を建てた）が挙げられる。②の場合としては、織豊政権や江戸幕府さらには幕末の薩長勢力による国内統一戦争（スペイン及びキリスト教勢力や英国から武器を購入するなどして内戦に勝利した）、義和団事件（英米露と協調して清国の反植民地闘争を抑え、賠償金を獲得した）、第1次世界大戦（英露両国と同盟して戦勝国となり、中国及び太平洋地域に勢力圏を広げた）が指摘し得る。また、①と②の両条件による事例としては、日露戦争（ロシアはクリミア戦争の敗北等で軍事力が低下していた一方、日本は英国と同盟を結び、戦後極東に勢力圏を広げた）が該当すると思われる。また、両大国を利用する一方、国内への過剰な介入を牽制していた（スペインの

対日進出に対する豊臣秀吉の恫喝、豊臣政権や江戸幕府による禁教令）。

　しかし、戦争の長期化は日本にとって勢力圏の維持等で大きな負担を課し、不利益をもたらす場合がほとんどと考えられる。例えば、倭国は結局、高句麗に敗北しており（好太王の碑文）、満州国への支配も日本の対外関係を悪化させた上、第2次世界大戦に介入する要因となった点は否定し得ない。この点に照らし、日米両国が戦争を回避するための交渉で、米国は当初、満州国の存在を認める意向を示しており、これに日本が応じて中国の本土から撤兵したならば（さらなる戦争を抑え得たと同時に）極東での勢力圏を維持し続けたとの仮定も成り立ち得る。しかし、第2次世界大戦後、英米両国の植民地が独立していった事態を見る限り、満州国や朝鮮も「脱帝国化」による独立を避け得なかったとの見解[58]には異論がなさそうに思われる。

　第二に、日本は、両大国との関係が悪化した場合、戦争において損失を被る事例が多いと指摘し得る。倭国は朝鮮半島に出兵して唐の大軍に敗れて撤退し（白村江の戦い）、豊臣秀吉も朝鮮半島に出兵後、明の攻勢によって目的を達し得なかった（文禄・慶長の役）。明治政府も英国からの反対を押し切って台湾への侵攻や日清戦争に踏み切り、領土を拡大したものの、ロシアから抗議を受けて（三国干渉）遼東半島を清国に返還した。続いてシベリア出兵では、英米両国と干渉する際の歩調が合わず、ソ連からの激しい抵抗を受けて成果がなく撤兵した。そして日中戦争及びノモンハン事変により英米ソ三大国との対立を深めて第2次世界大戦に突入した結果、海陸両面から三大国に挟撃されて大敗を喫した。その敗因としては、「中国に対する日本陸軍の戦い、ソ連に対するドイツ陸軍の戦いは、中ソとも退却しうる広大な大陸後背地を持っていたため、戦争は泥沼化し、勝敗の帰趨は、英米から中ソへと物資を運ぶ海上輸送路を、日独伊がいかに効果的に遮断しうるかにかかっていた」[59]との見解がある。しかし、当時の日本における海空軍戦力が米国に比べて大きく劣っていたことに照らすと、作戦の巧拙のみでは勝機を

得るのが難しかったのは疑い得ないと思われる。

　第三に、日本が外部から仕掛けられる戦争を回避・抑止し得たのも、両大国との関係が大きな影響を及ぼしていたと考えられる。まず、隋、「白村江の戦い」後の唐、第1次世界大戦後−満州事変以前の期間は、両大国との協調・友好姿勢を採って戦争を回避・抑止した。また、江戸幕府の時代及び第2次世界大戦後は、夫々オランダと米国の軍事力によって日本に対する戦争の脅威を抑える策を用い、幕末期には、英露間の対立に乗じて対馬事件を収拾した。さらには、国力の不足から対外戦争を断念し（新羅や元に対する侵攻計画）、軍事侵略を受ける危機を収拾して対外関係を好転させた（室町幕府及び豊臣政権による倭寇対策）。その一方、対外関係の適切な処理を誤り、「陸上大国」からの軍事侵攻を招いた事例もあった（元寇）。

　しかし、オランダから英国に「海上大国」が代わると、日本の「鎖国」政策は英米露から軍事力の脅威にさらされ、それを防ぐための海防費の負担が、江戸幕府の支配力を低下させ、「開国」に応ずる一因となった。第2次世界大戦後も、米国は日本をソ連＝ロシアや中国による軍事上の脅威から防衛する（特に中国は20世紀末から沖縄諸島付近に勢力圏の拡大を目指している）役割を担う補償として、（米国が中心となる）国際平和活動への支援を要求し続けている。

　そして日本が、そうした要求に応ずる（大韓航空機事件の収拾も含む）対価として、対外自主性を発揮した事例も見られる（白団による台湾への支援、第4次中東戦争時の石油戦略への対応、米軍普天間基地の返還決定）。また、対応の際に、国力への過剰な負担を回避した例も見られる（オランダや明からの対外軍事支援の要請に対する江戸幕府の拒否、自衛隊による軍事協力への制約、第1次世界大戦時の欧州戦線への不参加も同趣旨と考えられる）。しかし、日本政府が2011 − 15年度に計上した在日米軍駐留費の支出分は約9千3百億円に上り[60]、普天間基地の返還に伴う代替施設は、同じ沖縄県の名護市辺野古沖合に決定する（2006

年 5 月) など、日本は大きな負担 (朝鮮戦争・ベトナム戦争での民間人の徴用、カンボジア PKO での死傷者、イラクで自衛隊の基地が受けた攻撃) に直面している。

結語

　以上に述べたとおり、国際政治の場では、「海上大国」と「陸上大国」が戦争を通した対立・協調を繰り返しつつ主導権を握るうち、国力を消耗して衰退し、他国と立場を交代する、という構図が続いていると考えられる。特に 21 世紀前後以来、国家以外の集団が両大国に挑戦するような軍事行動を繰り返しており[61]、両大国は軍事負担の増大に直面している。さらに 20 世紀後半以降、両大国は従来の陸海軍に加えて空軍及び核兵器の増強を続けており、核兵器を装填したミサイルや爆撃機の登場は、「外部からの武力攻撃に対して自衛するのが容易な立地条件」に置かれた両大国の安全を大きく脅かすものとなっている。

　一方、そのような構図の中で、日本は戦争に関与する姿勢 (自らによる軍事力の行使、他国による戦争への協力、戦争への不介入) を選択しているが、いずれの場合も大きな負担を求められるのが現実と言わざるを得ない。その上、このような負担が支配の枠組み自体に変動を及ぼす場合 (武家政権の交代、明治維新や第 2 次世界大戦の結果) もあり、日本には大きな課題となっている。

注

1　イラクのクウェートへの侵攻・併合については、有賀貞『現代国際関係史』東京大学出版会、2019 年、279 頁。

2　手嶋龍一『一九九一年　日本の敗北』新潮社、1993 年、10 頁。

3　桃井真「湾岸戦争にみる現代戦争」『国際関係論シリーズ③最新戦争論』学習研究社、1991 年、25 頁。

4　前掲書『現代国際関係史』280 頁。

5　『朝日新聞』2001 年 9 月 21 日、9 月 23 日、9 月 26 日。

6　"Q 各国なぜ対応違う A 膨大な石油資源めぐり利害と思惑が絡み合い " http:// www5.hokkaido-np.co.jp/motto/20021019/qa2.html.

7　中国による石油の獲得と国際関係については、奥村晧一他著『21 世紀世界市場と中国インパクト』創風社、2009 年を参照。

8　戦争の様子は、千田善『ユーゴ紛争はなぜ長期化したか―悲劇を大きくした欧米諸国の責任』勁草書房、1999 年を参照。

9　前掲書『現代国際関係史』284 頁。

10　廣瀬陽子『旧ソ連地域と戦争』慶應義塾大学出版会、2005 年、29 頁、35 – 36 頁。

11　小泉悠『「帝国」ロシアの地政学―「勢力圏」で読むユーラシア戦略』東京堂出版、2019 年、92 頁。

12　『朝日新聞』2008 年 8 月 16 日。

13　同上、2008 年 8 月 20 日。

14　同上、2008 年 8 月 28 日。

15　同上、2015 年 8 月 7 日。

16　井尻秀憲編著『中台危機の構造』勁草書房、1997 年、52 頁。

17　『朝日新聞』2001 年 4 月 2 日、4 月 4 日。

18　同上、2001 年 4 月 5 日。

19　ウイグル騒乱の経緯は、I・マハムティ『7．5 ウイグル虐殺の真実』宝島社、2010 年を参照。

20　『毎日新聞』2009 年 7 月 8 日。

21　『朝日新聞』2010 年 12 月 1 日。

22　同上、2010 年 12 月 10 日。

23　民間の告発サイト「ウィキリークス」の公表した米国政府の公電。同上、2010 年 12 月 1 日。

24　地政学に基づく国際政治の分析については、曽村保信『地政学入門』中央公論社、1984 年を参照。

25　C・シュミット著、生松敬三・前野光弘訳『陸と海と―世界史的一考察』福村出版、1971 年、12 頁。

26　防衛大学校・防衛学研究会編『軍事学入門』かや書房、2000 年、179 – 180 頁。

27　同上、152 頁。

28　原『国際政治分析―理論と現実』新評論、1993 年、219 頁。

29　L. Dehio, *Gleichgewicht oder Hegemonie*, Krefeld, 1948.　引用は、V・R・ベルクハーン、野田宣雄訳「デヒーオ」H・U・ヴェーラー編、ドイツ現代史研究会訳『ド

イツの歴史家（5）』未来社、1985年、121頁。

30　W・ハインリックス「『大同盟』の形成と太平洋戦争の開幕」細谷千博他編『太平洋戦争』東京大学出版会、1993年、172頁。

31　H・キッシンジャー著、岡崎久彦監訳『外交（下）』日本経済新聞社、1996年、140頁。

32　同上、174頁。

33　松岡完『超大国アメリカ100年史』明石書店、2016年、182頁。

34　前掲書『「帝国」ロシアの地政学』71頁。

35　『朝日新聞』2019年12月8日。

36　前掲書『超大国アメリカ100年史』212頁。

37　延近充『対テロ戦争の経済学』明石書店、2018年、53頁。

38　『朝日新聞』2012年3月5日。

39　同上、2014年9月12日。

40　湾岸戦争を巡る日本内部の動きについては、前掲書『一九九一年　日本の敗北』を参照。

41　Michael H. Armacost, *Friends or Rivals? The Insider's Account of U.S-Japan Relations*, Columbia University Press, New York, 1996, p116.

42　『朝日新聞』2012年6月22日。

43　日本の外交官による述懐。前掲書『一九九一年　日本の敗北』339頁。

44　『朝日新聞』1992年6月16日。

45　御厨貴・中村隆英編『聞き書き　宮澤喜一回顧録』岩波書店、2005年、302頁。

46　田中均（当時の外務省北米局審議官）の証言。五百旗頭真・宮城大蔵編『橋本龍太郎　外交回顧録』岩波書店、2013年、169頁。

47　新ガイドラインの全文は、細谷千博他編『日米関係資料集』東京大学出版会、1999年、1369 - 1389頁。

48　R・アーミテージ（当時の米国務副長官）の発言。『朝日新聞』2001年9月20日。

49　P・ウォルフォウィッツ（当時の米国防副長官）の発言。同上、2003年6月25日。

50　自衛隊の内部文書。『朝日新聞』2015年7月17日。

51　森本敏「ソマリア沖海賊対処活動とその安全保障上の意味合い」『防衛法研究』第33号、2009年、48頁。

52　防衛知識普及会編『海賊対策』内外出版、2009年、13頁。

53　『朝日新聞』2009年9月10日。

54　同上、2009年10月23日。

55　改定新ガイドラインの全文は、『朝日新聞』2015年4月30日。

56　同上、2015 年 9 月 20 日。

57　安倍首相の発言。『朝日新聞』2014 年 9 月 25 日。

58　有賀貞『国際関係史』東京大学出版会、2010 年、375 頁。

59　B・ナガシマ「日独伊海軍の協力関係」工藤章他編『日独関係史Ⅱ』東京大学出版会、2008 年、203 頁。引用は、加藤陽子「大政翼賛会の成立から対米開戦まで」大津透他編『岩波講座　日本歴史第 18 巻近現代 4』岩波書店、2015 年、4 頁。

60　『朝日新聞』2015 年 12 月 8 日。

61　宮坂直史『国際テロリズム論』葦書房、2002 年を参照。

あとがき

　この本を構成する第 1 －第 5 章は、筆者が既に発表した下記の論稿に加筆・修正した上で第 6 章を書き下したものである。

　第 1 章＝「古代・中世の『海上大国』・『陸上大国』と戦争—国際政治の構図を巡る考察—」『千葉商大紀要第 55 巻第 2 号』2018 年。
　第 2 章＝「近世－ 19 世紀の『海上大国』・『陸上大国』と戦争—国際政治の構図を巡る考察（2）—」『千葉商大紀要第 56 巻第 1 号』2018 年。
　第 3 章＝「20 世紀の『海上大国』・『陸上大国』と戦争—国際政治の構図を巡る考察（3）—」『千葉商大紀要第 56 巻第 3 号』2019 年。
　第 4 章＝「古代－ 19 世紀の日本と戦争—国際政治の構図を巡る考察（4）—」『千葉商大紀要第 57 巻第 1 号』2019 年。
　第 5 章＝「20 世紀の日本と戦争—国際政治の構図を巡る考察（5）—」『千葉商大紀要第 57 巻第 3 号』2020 年。

　拙稿の掲載に際しては、千葉商科大学の諸先生から格別のご配慮をいただいた。
　相澤淳、飯倉章、池田慎太郎、岩田修一郎、植村秀樹、小川和久、大島美穂、小田桐確、鍛冶俊樹、我部政明、上村直樹、君塚直隆、楠綾子、斎藤元秀、坂上宏、坂元一哉、佐々木寛、佐道明弘、佐野方郁、芝山太・栗栖薫子ご夫妻、庄司真理子、鈴木滋、瀬川高央、高井三郎、高光佳絵、竹村卓、田村重信、寺地功次、富井幸雄、中静敬一郎、中島信吾、中西寛、中本義彦、則武輝幸、樋口恒晴、廣部泉、福田健一、二見宣、古川浩司、松岡完、松田康博、松村昌廣、松本佐保、真山全、三上貴教、宮岡勲、宮坂直史、山田康博、渡辺茂己の諸先輩・諸氏からは、学会・研究会等の交流を通じて貴重なご示唆をいただいた。上記の皆様による研

究成果は、この本を書き進める上で大きな原動力となった。

　安保克也、池井優、五味俊樹、高野昭雄、原彬久の諸先生からは、拙著・拙稿への温かい励ましを賜った。分けても、原先生が国際政治学・日本政治外交史の研究で積み重ねられた数多くのご業績は、筆者が執筆中に直面した幾多の壁を乗り越える際、格別に大きな力となった。

　拙稿を千葉商科大学の紀要に発表するに際しては、同大学サポートドキュメントセンターの皆様に労をとっていただいた。また、悠光堂の佐藤裕介氏と編集担当の遠藤由子さんには出版のお世話になった。同社からの出版は、平山一城氏によるご紹介の賜物であった。

　その他、数えきれないほどの方々からのお力添えによって、この本は成り立っている。皆様に心からの感謝を申し上げる。

2021 年 2 月
水野　均

著者略歴

水野均（みずの・ひとし）

1959年　北海道生まれ
1984年　北海道大学法学部卒業
1989年　上智大学大学院修了
専攻：安全保障政策、日本政治外交史
現在、千葉商科大学講師として教壇に立つ他、各種の研究会で日本の外交・安全保障政策に関する立案・提言に参加する。
〈著書〉
『再考・「六〇年安保改定」―「依存心」の祭典』（近代文芸社、1995年）
『海外非派兵の論理―日本人の独善的平和観を問う』（新評論、1997年）
『内閣法制局は「憲法の番人」か？―日米安保解釈を検証する』（並木書房、2017年）
他、論文等多数。

大国の興亡と戦争
―国際政治の構図と日本の針路を考える

2021年2月15日　　初版第一刷発行

著　者	水野 均
発行人	佐藤 裕介
編集人	遠藤 由子
発行所	株式会社 悠光堂
	〒104-0045 東京都中央区築地6-4-5
	シティスクエア築地1103
	電話：03-6264-0523　FAX：03-6264-0524
	http://youkoodoo.co.jp/
デザイン	株式会社 キャット
印刷・製本	株式会社 シナノパブリッシングプレス

ISBN978-4-909348-34-0　C1031
©2021 Hitoshi Mizuno, Printed in Japan